UBS United Business School 国联商学院

系列丛书

【图解版】

企业运营和机制系统

创建卓越企业组织的天龙八部

深度开启员工机制思维！轻松成为管理运营高手！

王　挺　邱志刚◎著

中国财政经济出版社

图书在版编目（CIP）数据

企业运营和机制系统／王挺，邱志刚著．—北京：中国财政经济出版社，2014.5

（国联商学院系列丛书）

ISBN 978-7-5095-5425-8

Ⅰ.①企… Ⅱ.①王…②邱… Ⅲ.①企业管理 Ⅳ.①F270

中国版本图书馆 CIP 数据核字（2014）第 102653 号

责任编辑：杨　云　谢　飞　　　　责任印制：刘春年

责任校对：甄　飞　　　　　　　　版式设计：丁丁图文

中国财政经济出版社出版

URL：http://www.cfeph.cn

E-mail：cfeph@cfeph.cn

社址：北京市海淀区阜成路甲 28 号　邮政编码：100142

营销中心电话：010-88190406　北京财经书店电话：010-64033436

北京富生印刷厂印刷　各地新华书店经销

787×1092 毫米　16 开　19.75 印张　278 000 字

2014 年 7 月第 1 版　2014 年 7 月北京第 1 次印刷

定价：40.00 元

ISBN 978-7-5095-5425-8/F·4389

（图书出现印装问题，本社负责调换）

本社质量投诉电话：010-88190744

反盗版举报热线：88190492　88190446

总 序

国风崇创业，联众披荆棘，学海知无涯，商界铸传奇。国联商学院：中国企业发展智库，商业资源整合平台，创建系统培训 + 落地咨询 + 投资融资 + 链商资源 + 云服务的学商生态业务模式，为广大企业提供经营管理系统培训、营销策略落地咨询、贷款融资和股权融资、产业链商机匹配、中小企业云管理等服务体系。国联使命：服务产业链，助企业发展。国联商学院专注产业链横向节点的企业经营管理服务和纵向环节的上下游关键资源整合，发挥“企业管家”和“市场红娘”作用，为企业发展和转型升级提供价值贡献，促进更高效的“学商”和“链商”环境建设。

企业经营就是一个紧密的系统工程！卓越的企业领导者，一定是企业系统工程的创建者和引导者！卓越企业的经营之道，必须是系统经营之道！国联商学院正能量企业系统系列书籍是根据国联商学院正能量企业系统课程分别由各课程主讲老师精心总结编排完成，其内容涉及领导力修炼系统、商业模式和战略系统、运营和机制系统、人力资源和员工成长系统、正能量销售系统、网络营销快速盈利系统、微营销快速盈利系统、金融和资本运作系统、持续创新系统九大板块。

国联商学院拥有一批资深的业内专家和讲师队伍，他们长期从事企业系统培训和内训的研究与实践，具有丰富的中外企业管理、培训经验，满足客户的各种需求。在当前的培训市场中，对症下药式的培训方式已成为国联商学院具备竞争力的优势之一，可满足各种客户个性化需求。我们与国内的生产商、各地区的流通商和企业有着良好的往来和合作关系，专业服务于各大中小企业。我们集行业信息为您定制的企业课程，无一不是根据公司的商业目标、成长策略以及商业要求拟订，为您提供的完善训练计划与发展项目皆是专属的个性化解决方案。国联商学院的每一项服务，都本着客户至上的原则；每一个前进的脚步，都充分体现了对客户的尊重与关怀。正因为如此，我们才能赢得客户，赢得将来，每年为6000家以上的客户提供各类培训和咨询服务。

在新世纪里，我们将会在现有的基础上，为客户提供更全面、更优质的企业管理咨询与培训服务，为中国企业走向世界贡献自己的微薄之力！成功来自卓越的服务，超越客户满意，国联商学院在您的支持下正在向国际一流管理咨询公司迈进。

国联商学院

序

众所周知，中国民营企业平均寿命只有 2.9 年，但美国民营企业平均寿命是 30 年，为什么同样为民营企业，中国民营企业寿命就那么短呢？

我们一起来分析。企业发展的核心关键在于两点：管理和营销。这两方面就像人的两条腿一样，只有协调发力才能健康有序地向前。我国民营企业家在这两个方面往往是“一头儿偏”。为什么这么说呢？过分注重外部营销——做市场、拉人脉、走关系、做网络，将大部分的精力都投在了“客户”身上，忽视内部管理，虽然暂时地提高了业绩和经营流水，但由于缺乏内部管理，企业最终走向因内部管理失衡而被迫倒闭的不归路。商业竞争就是一场马拉松，真正能帮助企业走到最后的一定是企业内部有效的运营和管理。

运营是一个组织的整体牵引力，企业要想做大做强，一定要懂运营。运营就是团队的动力系统，没有动力就不可能有团队精神驱动的内心强大；机制又是运营的核心，是团队复制系统，没有机制就不可能有团队复制与制度化下的企业强大。只有运营和机制都用上力气才可以让我们的战车勇往直前。本书结合企业经营计划系统、班子系统、团队系统、机制系统、PM 系统、营销系统、创新系统以及资本系统为读者带来创建卓越企业组织的“天龙八部”。

内部管理主要是思维层面的转变。首先，企业领导者必须转变，提升自己的领导力，权力管理和魅力管理两者之间相互融合。同时，在内部运营和管理的层面上，邱志刚老师匠心独具，强调“内营销”，主张内部客户思维：各部门之间以对待客户的态度对待彼此，各团队之间以面对客户的态度彼此包容理解，个人和个人之间以对待客户的态度互相理解关心，最终达到内部互为客户，彼此相敬如宾，企业内一派和谐繁荣。本书中倡导的一个理念是所有读者必须深刻理解的——“全员机制思维”。机制并不是“一言堂”，必须倡导全员参与企业的机制建设，因为在全员参与的环境下才能生发出更符合企业实际情况、更贴合机制使用者的内心能量法则的机制，同时更能带动企业的高层、中层、基层伙伴工作的积极性，进一步培养伙伴的主人翁意识。将“换位思考”的理念循序渐进地融入各部门各层级伙伴的思想中，对全员正能量的激发和企业正能量场的打造有着重要的意义！有人可能会问，基层伙伴提交的机制建议真能适用吗？邱老师讲得好，基层伙伴的建议更具有参考性，更能反映基层伙伴的心声。基层伙伴制定或提交的机制，如果基层伙伴作为老板能执行，那么这个建议就是可行的！在很大程度上这对提交建议或直接提交机制的伙伴来讲更是一种锻炼，对全员素质的提高和职业素养的提升有着里程碑式的作用和影响！

本书围绕运营管理和机制建设两大模块详细展开，内容涉及领导力、内营销、团队系统、机制系统、PM 系统、营销系统、创新系统等内容，是一本强大的工具书，更是创业家和企业家必不可少的必备武器，希望本书能够对那些具有创业或者二次创业精神的读者在理念和方法层面上给予帮助。邱老师十三年的经验和方法总结非常宝贵，希望大家仔细研读，与所有读者共勉。

钱晓钧

目录
CONTENTS

第一章　经营战略系统

第二章　班子系统

第三章　团队系统

第四章 机制系统

第五章　PM 系统

第六章　营销系统

第七章 创新系统

第八章 资本系统

经营
战略
系统
班子
系统
团队
系统
机制
系统
PM
系统
营销
系统
创新
系统
资本
系统
人

什么是企业运营和机制系统

企业运营和机制系统是企业整体发展与运行的大框架，是企业实现可持续发展的重要保证，只有洞悉了它的本质与规律，才能在企业管理中游刃有余，从而带领整个企业的发展更上一层楼。

企业运营和机制系统包括以下八大部分。

第一部分：经营战略系统，教您如何规划企业的商业模式、商业战略和经营计划及怎样建立一个可持续的商业生态系统。

第二部分：班子系统，教您如何组建一个高效的核心班子，并促进核心班子的发展与完善。

第三部分：团队系统，教您如何把企业建设成为一个具有高凝聚力与高效率的团队组织。

第四部分：机制系统，教您如何培养全员机制思维，促进全员生发机制并且制定合适的机制。

第五部分：PM（项目管理）系统，教您如何在日常工作中实现 PM 系统的高效运行。

第六部分：营销系统，教您如何落实企业的内营销与外营销策略，提高企业的营销业绩。

第七部分：创新系统，教您如何做好企业的创新工作，把创新转化成推动企业发展的动力。

第八部分：资本系统，教您如何充分发挥资本优势，实现企业的跨越式发展。

加强企业运营和机制系统的建设，能提升企业的整体实力与核心竞争力，让您的企业在市场竞争中更胜一筹。

企业运营和机制系统

如何阅读本书

【案例引入】

富兰克林从小家境贫寒，10 岁便辍学，12 岁就到哥哥开的小印刷所去当学徒。印刷所的工作枯燥繁重，富兰克林却从来不抱怨，而是把工作当作学习的大好机会，认真学习相关技术。在艰苦的生活环境里，他始终保持着进取上进的学习心态，从未荒废过学业。他酷爱读书，总是利用一切条件去读书学习。他经常向在书店当伙计的小伙伴借书看，为了赶在第二天书店主人发现之前归还图书，富兰克林便在深夜挑灯苦读。就这样，富兰克林白天工作，夜晚读书学习，不知不觉中阅读了许多书籍，知识也渐渐丰富起来，他开始在报上发表文章，名气大了起来。富兰克林还发起了“读书会”活动，大家互相交换图书并进行学术问题的讨论，“读书会”促进了大家的共同进步。富兰克林终其一生都在积极学习，探索新知，最终取得了多项成就。

● **学习心态**

富兰克林的成功源于他始终保持着旺盛的求知欲，通过不断学习实现了人生的升华。学习是开启成功之门的金钥匙，学习心态对人生至关重要。在阅读本书时，你应先培养自己的学习心态，有了探索新知的求知欲望，你才能不断努力进取，使人生更上一个台阶。

● **勇于改变**

在阅读本书的过程中，你会有许多新的收获。你应把本书带给你的启发应用到实际工作中，发现问题解决问题，积极主动去改变自我，从而促进现状的改善。保持一成不变，就会丧失发展进步的机遇，最终落于人后。

● **坚持到底**

企业运营和机制系统的发展与完善是一个漫长系统的过程，因此领导者要把对运营和机制系统的改革贯穿到工作的始终，不能半途而废，虎头蛇尾。长期坚持下来，你会发现你的领导力有了很大程度的提升，企业的发展状况也越来越好。

如何阅读本书?

- 学习心态
- 勇于改变
- 坚持到底

第一章 经营战略系统

1. 商业模式“三段论”
2. 战略“八股文”
3. 经营计划九大模块
4. 建立商业生态系统

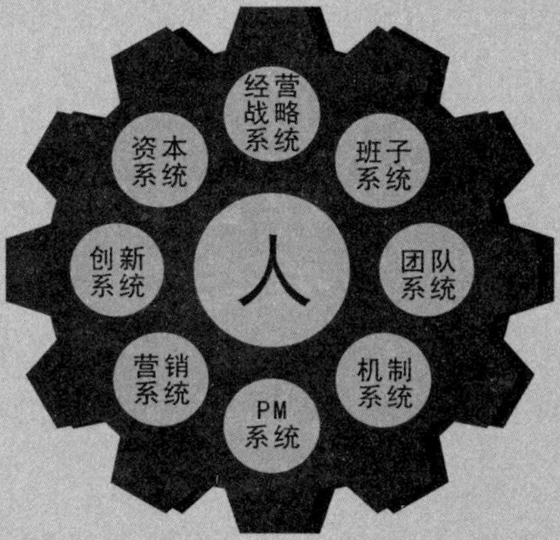

第1节 商业模式“三段论”

【案例引入】

每克拉美开创了量贩式钻石销售模式，是国内拥有良好品牌公信力及高品质的首屈一指的钻石品牌。每克拉美的创始人郝毅曾做过互联网和商业地产，在看到“80后”消费者的崛起和投资热对钻石消费市场的巨大推动之后，他认定钻石市场大有可为，便进行了商业模式上的创新。他把高档钻石专卖商场与网站运营相结合，只做钻石专卖，在这种“网络＋实体”的运营模式下，每克拉美品牌在市场上立足、站稳，赢得了消费者的青睐。

这是一个商业模式决胜的“大时代”，现代企业的市场竞争也是商业模式的竞争。郝毅开创了量贩式钻石销售模式，把实体专卖店和网络销售相结合，在这种钻石专卖的商业模式下，每克拉美品牌在市场上赢得了一席之地。

商业模式实则就是企业的盈利模式，是打造企业航空母舰的基本钢铁框架。如果商业模式设计失误，无论原来的企业多么枝繁叶茂，最终也会被耗尽活力，元气尽失。此外，商业模式需要创新才能在市场上独占先机。创新商业模式对于企业在快速变化的商业环境中存活并发展是极其重要的。

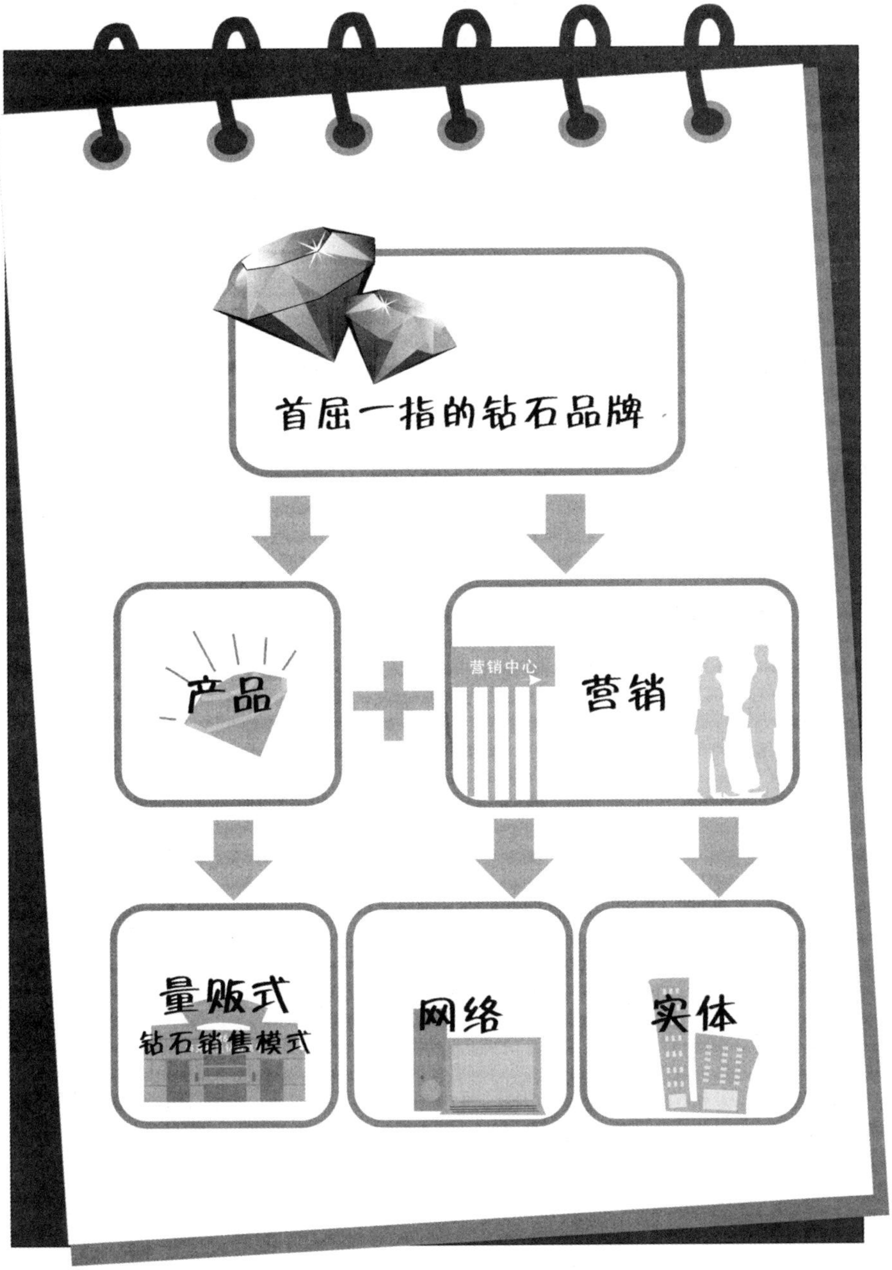
首屈一指的钻石品牌
产品
营销中心
营销
量贩式
钻石销售模式
网络
实体

NO1. 天下熙熙——商业模式定义

商业模式通俗来说就是挣钱的方法，它以盈利为核心，这是由企业的营利性所决定的。判断一个企业做得好坏、发展得强大与否，最根本的衡量标准就是企业的利益如何，是否能实现良好的经济效益。因此，作为企业发展框架的商业模式，它的核心任务就是为企业提供正确的、有效的盈利门路。如果企业是个巨人，那么从另一个角度来说，商业模式就是一种智慧支持，在企业求发展促盈利的前进路途中起着统筹全局的作用。此外，商业模式为企业的发展创设了一种特定的发展条件，使企业在这个构架好的框架之内运作。可以说，不能赚钱的商业模式是失败的，会给企业的发展道路制造诸多障碍。

一、商业模式的定义逻辑

（一）客户价值

商业模式的盈利是以实现客户价值为基础的，只有符合市场和消费者需求，能实现客户价值的商业模式才能真正做到盈利。

（二）定位

商业模式决定了企业的发展方向，对企业的发展前景进行了定位，告诉企业领导者应该怎么做。

（三）组织系统

商业模式是建立在企业领导者对企业所具备的资源和条件的充分考量之上的，因此它是一种组织系统，对企业资源进行集合组织和分配。

（四）盈利模式

商业模式从根本上来说，就是为企业提供一种怎样才能赚钱的盈利模式，从而使企业获得良好的经济效益。

商业模式的定义逻辑
我们要做什么?
定位
客户价值
我们拿什么赚钱?
盈利模式
我们有什么资源?
组织系统

二、商业模式的力量

从一个没有资源、没有品牌、没有用户的小公司迅速崛起，小米靠的是产品加销售的商业模式：注重产品质量，建立稳固用户群。小米没有像传统手机厂商一样靠硬件盈利，而是定位在中档机市场，价格不高不低，基本配置却往高端机上靠齐。小米在把价格压到最低的基础上把配置做到最高，实现高性价比。作为一家互联网公司，小米更在意用户口碑，吸引稳定的用户群。小米采取把手机与移动互联网混合的模式，不仅拥有自己的手机品牌，还有独立的系统产品服务，让客户不仅变成自己的手机用户，而且成为自己的系统用户，这样发展起来的用户就有很大的价值。小米在竞争异常激烈的手机市场迅速发展壮大，其独特的商业模式功不可没。

商业模式对企业的发展有着极其重要的作用，它决定了企业成败，构筑了企业的发展框架，并为企业的发展指明方向。

（一）定成败

商业模式决定企业成败，一个好的商业模式可以让企业快速裂变，实现飞跃式发展；而一个错误的商业模式会使企业盈利困难，举步维艰，发展缓慢甚至停滞不前，最终会被市场淘汰。

（二）固框架

好的商业模式等于创业已成功了一半。商业模式是企业发展的框架，框架构建好了，企业的大厦才能岿然不动立于市场大潮之中。好的商业模式能指导并促进企业的发展。

（三）指方向

商业模式选对了，企业的发展道路会顺利很多。商业模式为企业提供了方向指引，避免企业在发展成长进程中瞎碰乱撞，能使企业少走弯路。

手机已售罄
12:00
立即支付
进入主页
请在3小时内下单，3小时内支付
注重产品质量
建立稳固用户群

NO2. 万流归宗——商业模式设计

商业模式影响企业的发展，正确的商业模式设计等于指明了企业的发展方向，给企业的发展搭建了稳固的框架，为企业的成功注入源源不竭的动力。而错误的商业模式会使企业在错误的方向上越走越远。有些企业将单一优势（技术、资产、品牌）的发展壮大当作商业模式，竭尽全力拓展某一方面，从而影响了企业的整体运营状况。而不顾市场变化情况，忽视客户价值，只顾埋头生产的企业也面临着很大风险。因为不能满足用户需求变化，就无法实现良好盈利，这种企业就等于赔本赚吆喝，必将会被市场淘汰。企业经常出现的一些问题是由商业模式的错误设定导致的。因此，正确设计商业模式需要避免以上问题，找准方向准确定位，整合资源实现资源的优化，最终为企业的盈利打下良好的基础。

一、找准方向，准确定位

找准方向在企业商业模式设计中至关重要，大方向对了，才能把握企业的发展进程与状态。找准方向需要企业对自己有正确的定位，明确企业的发展方向，选准产品或服务的市场定位。

在市场定位中，企业可以避开市场竞争激烈的部分，充分挖掘长尾市场的潜力。"长尾理论"由美国《连线》杂志主编克里斯·安德森在他的文章中第一次提出：商业和文化的未来不在热门产品，不在传统需求曲线的头部，而在于需求曲线中那条无穷长的"尾巴"。当原来"边缘化"部分的份额增长，市场的"长尾"就会变大变长，提供无限广阔的消费潜力。人们往往在乎关键客户和主流商品，却忽略了长尾市场中包含的大量"微不足道"的用户和需求，所以企业可以从这些未曾被重点关注的需求出发，确立企业发展目标和计划，从而为商业模式的设计提供方向性指引。

在图书行业中，畅销书符合大众口味消费，前景广阔，属于市场需求曲线的头部，能带来更多的利润。而那些不在热销排行榜上的图书则处于需求曲线尾部，但是就是这些处于需求曲线尾部的非畅销书给亚马逊带来了一半的图书销售量。这些冷门书籍虽说看似卖不动，个别销量小，但是它们种类丰富名目

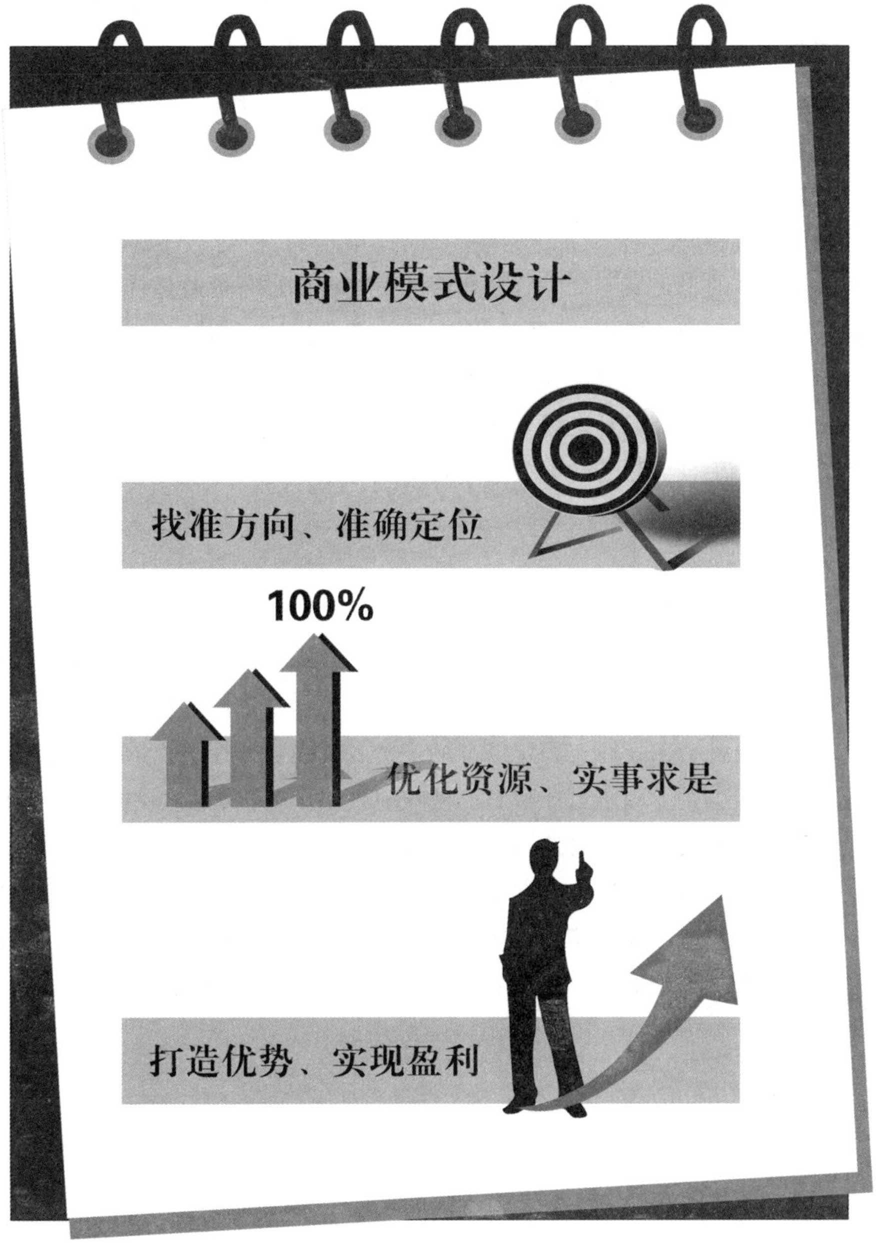
商业模式设计
找准方向、准确定位
100%
优化资源、实事求是
打造优势、实现盈利

繁多，给有独特需求的读者提供了大量可选择范围，因此购买量便这样积少成多，使亚马逊的图书总销量也跟着提升。

亚马逊的成功源于它找准了自己的发展方向，抓住了非主流的长尾市场。企业商业模式的设定需要首先选准方向，找到赢利点和市场立足点。长尾市场为中小企业商业模式的制定提供了新的视角和方向。在制定商业模式时找准方向有利于充分挖掘市场需求，拓展企业发展潜力，从而实现企业的可持续发展。

二、优化资源，实事求是

商业模式的设定需充分发挥企业资源优势，在进行资源整合的基础上提高企业整体实力。商业模式的设定要符合实事求是原则。清楚了解自己所拥有的资源，才能确定为客户提供什么样的产品或服务，这样在制定商业模式时不会出现大偏差。优化资源是实现商业模式设计目标的重要途径，明了自己的优势和特色所在，用灵活多变的方式实现资源优势最大化，才能充分发挥所长，有助于强化企业的核心竞争力。

三、打造优势，实现盈利

只有能给企业带来利润的商业模式设计才能算是成功的。现金流是判断企业运营状况的重要标志，商业模式的设定要考虑固定资产的投资、流动资产的投资、其他投资费用及原有固定资产的变价收入等初始现金流量。在竞争激烈的市场经济里，企业应重点抓住自己的核心价值，将核心业务外包出去，以实现轻资产模式，集中精力打造自己的核心优势，从而创造大量现金流。与此同时还要注重一定资本的投资，在满足市场需求的前提下，抓住时机投资新的资本以提高产能，这样才会获取更多的利益。商业模式的设定应选择适合企业的最佳盈利方式，实现轻资产与重资本的平衡，以最大限度地为企业赢得利润。

NO3. 唯变不破——商业模式创新

身处经济变化剧烈的时代，企业要紧跟潮流发展适时而变，不断创新商业模式，从根本上重新思考企业赚钱的方式。商业模式的创新要从产品或服务领域进行创新，实现全面的差异化，从而做到成功盈利。

一、产品或服务领域的创新

产品创新源于市场需求，企业要根据市场消费的变化情况改善旧产品、创造新产品。技术创新是产品创新的重中之重，通过技术创新，才能创造出符合市场需求、满足消费者口味的产品。实现产品创新的同时，还要进行服务领域的创新，充分发扬热情服务的精神，创新服务载体，以完善服务体系。服务领域的创新要从客户角度出发，带给客户更舒心便捷的感受。

二、全面的差异化

在商业模式的创新中实行全面的差异化战略有助于提高企业竞争力，能使企业的产品在市场上与竞争对手有明显的差别，因此它是增强企业竞争优势的有效手段。实行全面的差异化的目的就是要创造独特的产品和服务，树立良好的企业形象，从而培养忠诚的消费群体。实现全面差异化的方式多种多样，不能仅从单一方面入手，而是要从多渠道多方面进行创新，如创新企业形象、打造全新的企业文化、改造产品体系、完善产品附加服务等。实行全面差异化的创新，有助于企业更好地完善自我。

三、以盈利为基础

商业模式创新的终极目的是要为企业创造更多利润，实现更好的盈利状况。创新要充分平衡企业投入与收获之间的关系，以实现利益最大化。创新前要做好准确的市场调研，选准契机，以保证企业成功盈利。

四、商业模式微创新

相对于企业的全面创新，商业模式微创新更适合中小企业操作，其无须耗费大量精力与人力、物力，只需在日常工作流程中进行适当改变便能取到良好效果。商业模式的微创新能以小带大，促进企业的全面发展，不仅节省人力物力，还有实现企业高效发展的作用。

以小带大：商业模式微创新可以是在某个环节的创新。微创新不是对整个全局进行改善，而是找准关键点，以小带大。

节省资源：微创新无须集中企业全体力量，只要部分流程环节和相关部门的配合即可，因此不需要耗费过多精力和投入大量人力物力，以实现资源的节约。

高效节流：商业模式微创新以高效、开源、节流为目的，能促进企业的良好发展。

重点微提醒

- 不能赚钱的商业模式是失败的。
- 商业模式的力量：定成败、固框架、指方向。
- 错误的商业模式设计会加大企业风险。
- 商业模式微创新，方能不被市场潮流淘汰。

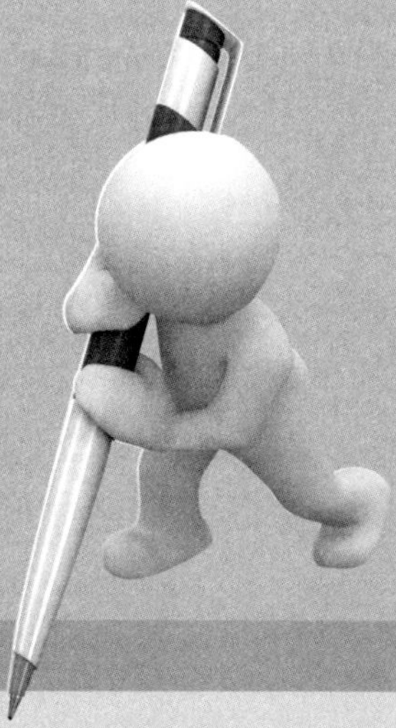

第2节　战略“八股文”

【案例引入】

沃尔玛原本只是一家名不见经传的廉价商店，而经过几十年的发展，它已成为全球著名的零售连锁集团。沃尔玛的成功，源于它的企业战略的成功。沃尔玛质优价廉和一站式购物策略使其成为零售业的神话，在市场零售行业中脱颖而出。它不仅改变了传统的零售商场形象，还为其他的零售连锁商场提供了借鉴和榜样示范作用。沃尔玛始终坚持以顾客为导向，经营多种商品，提供一站式购物，不仅为顾客购物提供了便利，还给顾客带去良好舒心的体验。此外，沃尔玛长期奉行薄利多销的方针，低廉的进价、完善的物流管理系统、营销成本的控制、商品损耗率的降低等都能使其保持低价优势。

沃尔玛坚持顾客第一和保持低价的企业战略奠定了其零售业的霸主地位，引领了行业风潮，为其他连锁商场的发展提供了借鉴。企业战略是对企业整体性、长期性、基本性问题的谋划。战略不仅是一种发展模式，还是对企业未来发展的一种规划，指引企业的前进道路。适宜的企业战略有利于一个公司在市场竞争中的定位，正确的战略制定与实施会让企业走得更顺利。

适宜的企业战略有利于公司在市场竞争中的定位，正确的战略制定与实施会让企业走得更顺利。

NO1. 上兵伐谋——何为战略

企业战略是对企业各种战略方针的统称。战略选择恰当，可为企业在竞争激烈的市场大潮中建立起牢固的防御体系，为企业以及产业的发展带来巨大收益。企业战略立足于未来，是对企业未来发展前景的规划。针对企业自身和外部环境的客观情况，确立企业的发展目标，建立合适的发展模式，才有利于企业的健康发展。战略还表现为对企业本身的一种定位，决定了企业在市场竞争以及行业中处于什么样的位置。而从企业层次来看，战略则表现为一种观念，是企业对自身的看法及对发展的想法。总体来说，企业战略具有方向性、全局性、基础性的特点。

一、方向性

1. 企业战略能为企业发展指明方向，决定了企业的未来发展。

2. 企业战略规定了企业的发展目标和发展轨迹，明确了企业的经营方针和具体的发展步骤，指引着企业的经营管理活动。

3. 企业相关规章制度、政策措施都要以企业战略为依据，符合战略发展要求。

二、全局性

1. 企业战略是建立在对外界环境和内部自我评估的基础上的，它是站在整体的高度上对企业进行的规划。

2. 企业战略着眼于企业长远的生存与发展，是一个连续不断的发展过程，贯穿了企业发展的始终。

3. 企业战略一旦确定，就具有长效的稳定性，经常变动会影响企业的正常运作，但可以根据实际情况在必要时进行适度的调整。

三、基础性

1. 企业战略是由一系列决定公司长期发展的决策、措施等组成，确定远景目标的同时还对细节问题做出了规定。

2. 企业战略所包含的是最基本的框架内容，是公司顺利运营的基础。

3. 企业战略具有系统性，它所包含的内容构成了一个环环相扣的战略目标体系。

NO2. 以我为主——制定战略

企业的战略制定“以我为主”，需建立在充分的自我认知基础上。制定企业战略前，问自己这几个问题：“我有什么资源？”“我现在什么样子？”“我要做成什么样？”“哪些是我不能做的？”对企业的清晰客观的判断是制定战略的前提。在此基础上，企业战略的制定要按八大步骤有条不紊地进行。

1. 分析：对市场变化和消费状况进行分析，同时要明确地对企业本身具有的条件和资源进行判断。

2. 愿景：领导者要先在心里勾勒出对企业未来发展的期望及蓝图，梦想是行动的第一步。

3. 评估和选择：对企业的实力和多种发展规划进行评估，经全方位的权衡利弊后选择最适合企业的战略。

4. 目标：目标是战略的重要组成部分，把战略制定具体到长期目标和短期目标上。

5. 业务细分：对企业的业务进行细分是提高全面发展战略的重要内容，有利于实现产品服务差异化，从而满足更多的消费群体。

6. 职能细分：既有利于充分发挥不同人员的特长，又能明确职责，提高工作效率。

7. 考核评价：战略制定需建立完善的考核评价体系，这将会有利于充分了解企业战略的实施情况及发展过程中遇到的问题，从而为企业以后的发展提供借鉴。

8. 战略改进：在战略制定过程中，要根据现实状况做出改进，以适合企业的发展。

分析
愿景
评估和选择
目标
业务细分
职能细分
考核评价
战略改进
我有什么资源?
我现在什么样子?
我要做成什么样?
哪些是我不能做的?

NO3. 安得广厦——战略实施

企业在进行战略实施前，要在充分分析的基础上选择最恰当的战略。在战略实施过程中，还要进行评估和调整，以达到最优效果。

一、企业战略的实施流程

1. 战略分析——了解组织所处的环境和相对竞争地位。
2. 战略选择——战略制定、评价和选择。
3. 战略实施——采取措施发挥战略作用。
4. 战略评价和调整——检验战略的有效性。

二、企业战略实施的原则

（一）知己知彼

1. 企业对宏观环境进行研究，可采用PEST模型对外在环境进行分析。其中，P 指政治环境，E 指经济环境，S 指社会文化环境，T 指技术环境。企业要从这几方面入手，对影响一切行业和企业的各种宏观力量进行全面的分析，确保企业做出最正确的决策。

2. 应用五力模型对行业发展状况进行分析，该模型是在产业组织经济学基础上推导出决定行业竞争强度和市场吸引力的五种力量。其包括供应商议价能力、采购商议价能力、潜在竞争者、直接竞争者和替代产品，使企业在对这五个方面进行分析的基础上找到自己的竞争优势和客户的需求点。

3. 应用 SWOT 模式对企业状况进行分析。其中，S 指优势，W 指劣势，O 指机会，T 指威胁。企业在进行自我分析时要从企业的优势和劣势出发，看清企业所面临的机会和威胁，从而找到自己的竞争优势所在。

（二）条分缕析

企业在进行战略实施时，要确认目标，实现思想的统一和资源的配置，将战略细化分解。战略的实施，要先确立一个明确的目标，并在全体员工中进行思想动员，增强整体的凝聚力。在做好目标的确认和思想统一工作后，企业要

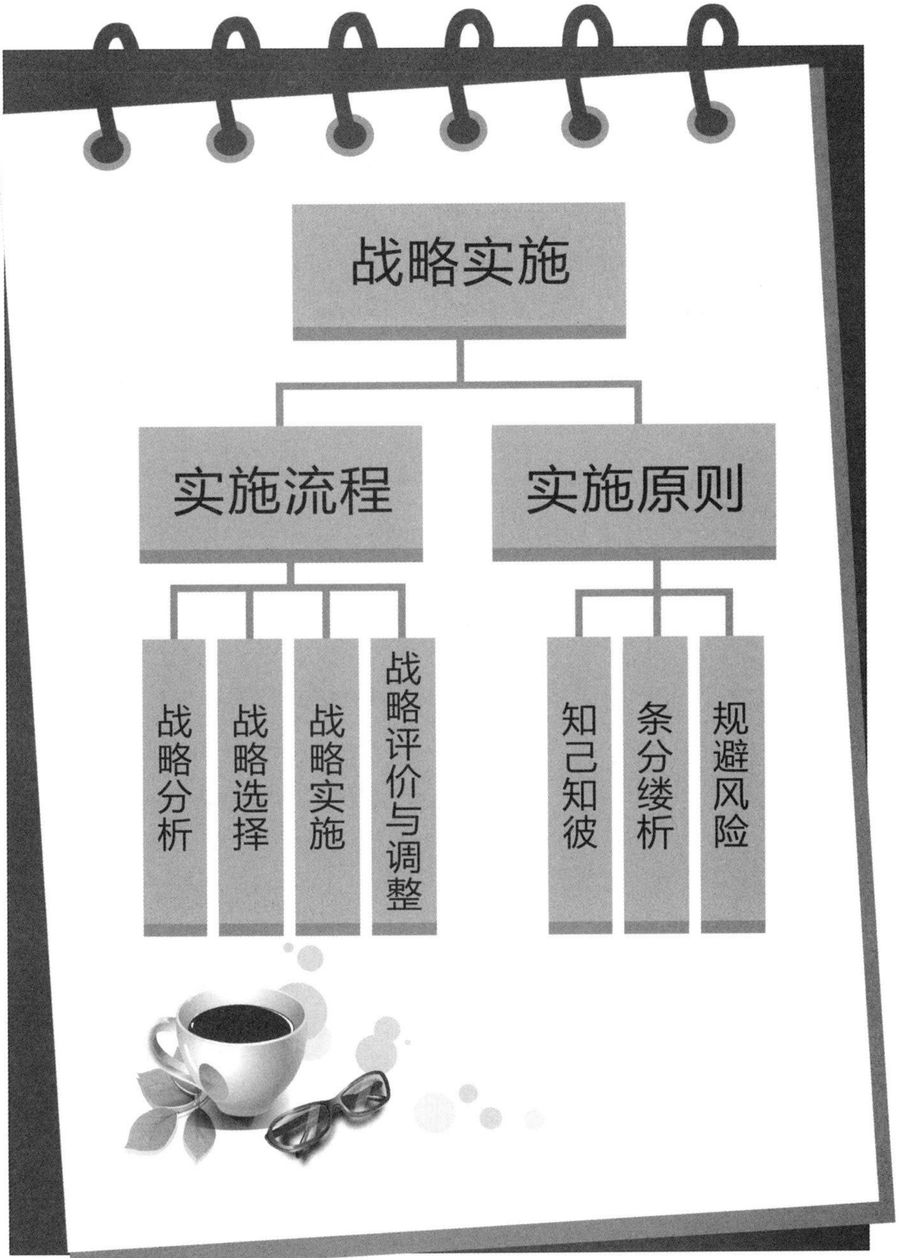
战略实施
实施流程
实施原则
战略分析
战略选择
战略实施
战略评价与调整
知己知彼
条分缕析
规避风险

充分整合资源发挥资源优势，根据资源状况将战略进行细化分解。企业战略实施是一个系统的循序渐进的过程，只有把其分支和细节理清楚，才能保证战略的顺利实施。

（三）规避风险

企业在实施战略时，要考虑多种可能会发生的情况和将会遇到的问题，对运营风险、资产损伤风险、竞争风险、商誉风险等风险因素给予充分考虑，并针对这些可能存在的风险因素采取一定的对策。在实施战略时，企业需要尽量规避风险，控制事情发展趋势，加强企业内部及与其他企业的合作，借鉴模仿优秀企业的风险处理机制，最终做到在面对风险时积极处理，进行灵活调整以适应形势变化。企业应在风险发生之前采取恰当的措施如回避、减弱、转移、自留等方式去尽量规避风险，把损失降到最小。

重点微提醒

企业战略是企业对未来发展前景的规划，也是对自身的准确定位。

战略制定应在自我认知的基础上按步骤有序进行。

战略实施时应遵循原则严格按流程行事。

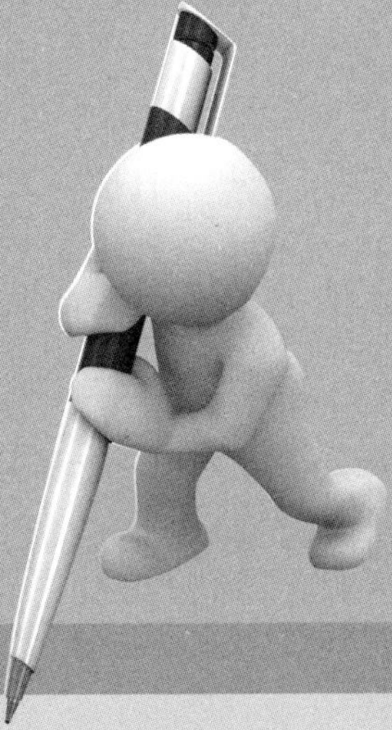

第3节　经营计划九大模块

【案例引入】

梅西百货是美国的高档百货商店，它在经营计划的制定方面有其独到之处。梅西百货为了激发员工的工作热情，采取了不同的薪酬制度。它的薪酬制度总的来说就是小时工资加销售提成。与其他服务业不同，它的这两种制度是用在不同员工身上，对于服装鞋帽等与服务态度及努力程度挂钩的商品实行销售提成制度，而其他一些与员工努力程度无多大关联的商品销售则实行固定的小时薪酬制。梅西百货实行的这种不同类型的薪酬制度有利于提高员工的积极性，从而提高了销售额，保证了公司经营计划的顺利完成。

企业的经营计划包括九大模块：现状、目标、主题、做战略、做产品、做机制、做团队、做文化、做预算。案例中的梅西百货的薪酬制度调动了员工的积极性，发挥员工所长，在做好团队建设的同时提高了销售额，从而有利于经营计划的顺利完成。经营计划是企业为达成一定预期目标而进行的整体经营活动的规划，其具有系统性，能平衡企业经营活动中的产、供、销等各环节。经营计划通过对人力、物力、财力资源的统一协调安排，影响企业生产经营的各方面，从而保证企业效益。

现状分析
业绩目标
经营主题
做战略
做产品
做机制
做团队
做文化
做预算
经营计划

NO1. 现状、目标、主题

经营计划是企业在一定时期内确定和组织全部生产经营活动的综合规划。它是企业根据市场变化及企业自身状况对企业经营活动的谋划，是对企业的各种资源进行的统筹安排。在现状分析的基础上确定业绩目标和经营主题，有利于构建经营计划的大框架。

一、现状分析

1. 对企业自身发展状况进行分析，了解企业在行业中所处的竞争地位以及企业的发展潜力，这样才能使经营计划贴近企业现实。

2. 对市场发展状况进行分析，紧跟市场潮流，了解消费者和客户心理需求。对市场状况的分析能避免企业制定经营计划时目标过大或过小。

3. 及时了解国家相关政策法规，国家对该行业的态度对于企业适时调整经营计划极其重要。

二、目标业绩

1. 经营计划要有一个明确的业绩目标，业绩目标要体现在具体的数字上，而不是抽象的或含糊的目标。

2. 业绩目标应是根据客观的现状分析制定的，避免脱离现实盲目主观的制定。业绩目标过大会使企业严重超荷发展，过小则不能充分发挥企业潜力，造成人力、物力、财力资源的浪费。

3. 业绩目标不是由一个人或几个人拍板决定，它需要几个部门的协调磋商以制定出对企业发展最有利的目标，是集体智慧共同商讨的结果。

三、主题经营

1. 企业发展要确定总体经营主题，首先要确定年度主题。年度主题是企业一年规划的总体框架，因此要简明扼要，抓住关键，并申明实现该年度主题的主要途径，如：价值和效益提升年（一是在现有业务基础上，大力推动产品和模式升级；二是积极开源、努力节流，提升公司盈利能力）。

2. 在年度主题的基础上进行细分，确定季度主题。季度主题是企业经营计划在每一季度的阶段性发展指导，如：第一财季——感恩竞赛季；第二财季——成长竞赛季；第三财季——PK 竞赛季；第四财季——冲刺竞赛季。

3. 经营主题中，年度主题应与季度主题保持协调一致。年度主题为季度主题提供了方向指导，而季度主题是年度主题的具体体现。

NO2. 做战略、做产品、做机制

企业经营计划要做好战略、产品和机制方面的工作。战略能保证经营计划的正确方向，产品是企业经营计划中最重要的一环，机制能保证经营计划顺利进行。

一、做战略

1. 制定经营计划后在企业进行宣传，做到人人心中有方向，动员全体人员以贯彻经营计划的精髓。

2. 紧密围绕经营计划组织年、季、月业务工作，将经营计划细化，建立业务促进和工作管控措施。

3. 提升产品和服务质量，以客户价值为核心定位，设计出能维持忠实客户群体的产品体系，把优良的服务理念贯穿于持续的销售过程中。优化经营模式，努力从运营卓越型向产品导向型升级。

二、做产品

1. 建立主导产品体系，充分发挥优势产品的特色以增强市场竞争力。重点发展改善企业的拳头产品，能赢得消费者青睐，有利于树立企业的良好形象，在市场立足。

2. 完善战略产品体系，根据市场发展和消费趋势对产品进行创新，不能仅仅盯着眼前利益，做产品时要有战略目光和长远发展意识。

3. 开展内创业项目，根据企业内已具备的资源，通过改变现有的生产技术、服务方式、销售方式等创新做法实现企业效益的提高。支持业务核心人才创业或员工在企业框架内的独立创业，以带给企业新鲜的血液和活力。

三、做机制

1. 建立严密完整的人事制度，完善企业员工晋升机制和薪资政策，做到公平、公正、透明，提高员工的工作热情。实施不同职衔级别的提成机制，依据工作量和客户开发量实施不同奖惩措施。

2. 一线负责人应立足于本部门实际情况，时刻关注本部门的工作进展和员工工作效率。实行部门内的绩效考核机制，促进部门员工积极认真的工作。

3. 降低企业运营成本，建立节流机制，培养节约意识。推动办公用品的节约，降低相关企业活动的成本，将节流精神细化到具体措施中并建立责任管控和奖罚机制，避免不必要的浪费。

NO3. 做团队、做文化、做预算

做团队、做文化、做预算能为企业的经营计划提供保障，有利于充分发挥人力资源优势，建立稳固的企业文化，实现合理的企业运算，从而能让企业经营计划顺利进行。

一、做团队

1. 培养优质的 HR 人才，做好人力资源和团队建设，这是企业管理者最基础也是最重要的工作。培养团队的凝聚力，充分发挥人才优势才能保证企业的经营计划顺利完成。选准提高员工凝聚力的平台，每天的例会都要尽量做到有趣活泼，把它作为提高员工的工作热情和团结力的契机，同时还可多举办一些其他员工活动。

2. 全面拓展招聘渠道，提高招聘人员业务素养，加强招聘人员的专职管理，建立完善的人才引进体系，这样才能使企业拥有优秀的人才，有利于拓展企业的人才资源。

3. 完善员工培训体系，各部门必须严格按照岗前培训标准，对新员工进行全方位的培训，还要加强技术骨干和管理层的培训。实施请进来、走出去战略，与行业内优秀的企业之间进行互动交流和学习，外派相关人员进行专题培训。

二、做文化

1. 改善办公环境，营造良好的工作氛围。全面做好公司和部门的团队建设、活动资料的档案管理工作，为以后的企业活动提供借鉴。组织部门月度会议、年度活动等一些大型活动。

2. 加强推进建设企业文化，铸就企业精神核心。在日常的企业管理中，多举行企业文化活动，如趣味运动会等。

3. 实现企业外宣内容形象的统一，如加强统一参展形象，统一纸、笔、本、袋等材料形象，以给外界留下深刻良好的企业形象。

做团队
做文化
做预算

三、做预算

1. 预算不是简单的上级对下级传达指令和下级对上级汇报，精准的预算是建立在上下级、各部门反复沟通共同磋商的基础上的。

2. 建立科学的预算编制体系，实行严格的预算管理，明确预算决策者。

3. 预算要符合企业实际运营状况和企业实力，坚持实事求是原则。同时做到企业的整体预算与部门预算相结合，平衡企业的资金状况，以实现企业经营计划的顺利进行。

重点微提醒

在现状分析的基础上确定业绩目标和经营主题，有利于构建企业经营计划的大框架。

战略能保证经营计划的正确方向，产品是企业经营计划中最重要的一环，机制能保证经营计划顺利进行。

企业经营要想以最低的成本获取最大的效益，就要做好团队、文化及预算工作。

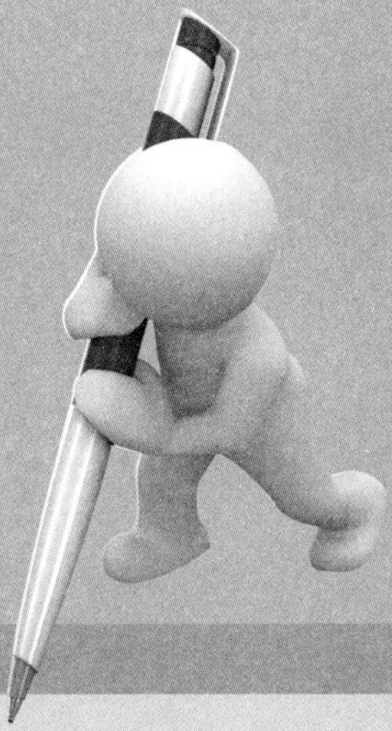

第4节　建立商业生态系统

【案例引入】

IT行业一直是竞争十分激烈的，很多企业如流星般瞬间辉煌又瞬间没落，而微软和英特尔却能在这个行业保持着其霸主地位不动摇。它们的成功源于它们的协作发展。凭着各自的优势和技术实力，两家企业开展了多方位的合作，不仅实现了优势互补共同发展，还创造了巨大的利润空间，提高了影响力。一些其他类型的企业又围绕着这两大企业开展商业活动，成为辅助加工厂商。这些企业共同形成了庞大的商业生态系统，彼此之间存在着利益关系的同时还实现了共赢互利。

微软和英特尔及其他企业构建了有机发展的商业生态系统，不仅有利于企业优势的发挥，整合优化资源，还增强了它们在复杂的市场环境下的适应性，从而在市场竞争中立于不败之地。一个企业组织不但要有自己的阶段性经营计划，而且要设计自己的生态系统。商业生态系统是由各个部分各个环节组成的经济联合体，能发挥巨大的集体优势。企业要想在市场竞争中生存并发展，就需要建立起商业生态系统。

企业要想在市场竞争中生存并发展，
就需要建立起商业生态系统。

NO1. 共谋发展——商业生态系统定义

商业生态系统，是指以组织和个人的相互作用为基础形成的经济联合体，它是由企业、市场、消费者、政府等以产品和服务为中心构成的互相联系、互相作用的有机整体，其具有互利共存、合作共赢和多元创新的特性。

一、互利共存

商业生态系统中的每一部分都担任着不同的角色，各司其职。虽然每一部分是独立的，都有各自的利益立足点，但他们之间又是互相依赖、互利共生的关系，每一部分又是另外一部分的利益源泉。市场运行中的每一部分的任何一个环节遭到破坏，都会影响其他环节的运行，最终会损害其他部分的利益。

二、合作共赢

商业生态系统中的每一部分都要加强沟通与合作，因为商业生态系统是一个一损俱损、一荣俱荣的整体格局。合作有利于商业生态系统良好有序地运行，从而实现共赢的良性循环。

三、多元创新

要想在市场大潮中立于不败之地，企业就必须不断进行创新，保持多样性，以满足不断变化的市场需求。商业生态系统作为一个有机的整体，要包容尊重其内部各部分的多元化，鼓励各个环节的创新，以维持整体的活力与生命力。

企业建立商业系统不仅有利于加强企业与外界的联系，提高企业的竞争力，还能使企业准确把握市场消费状况与客户心理变化情况，在实现企业盈利的同时促进企业的可持续发展。

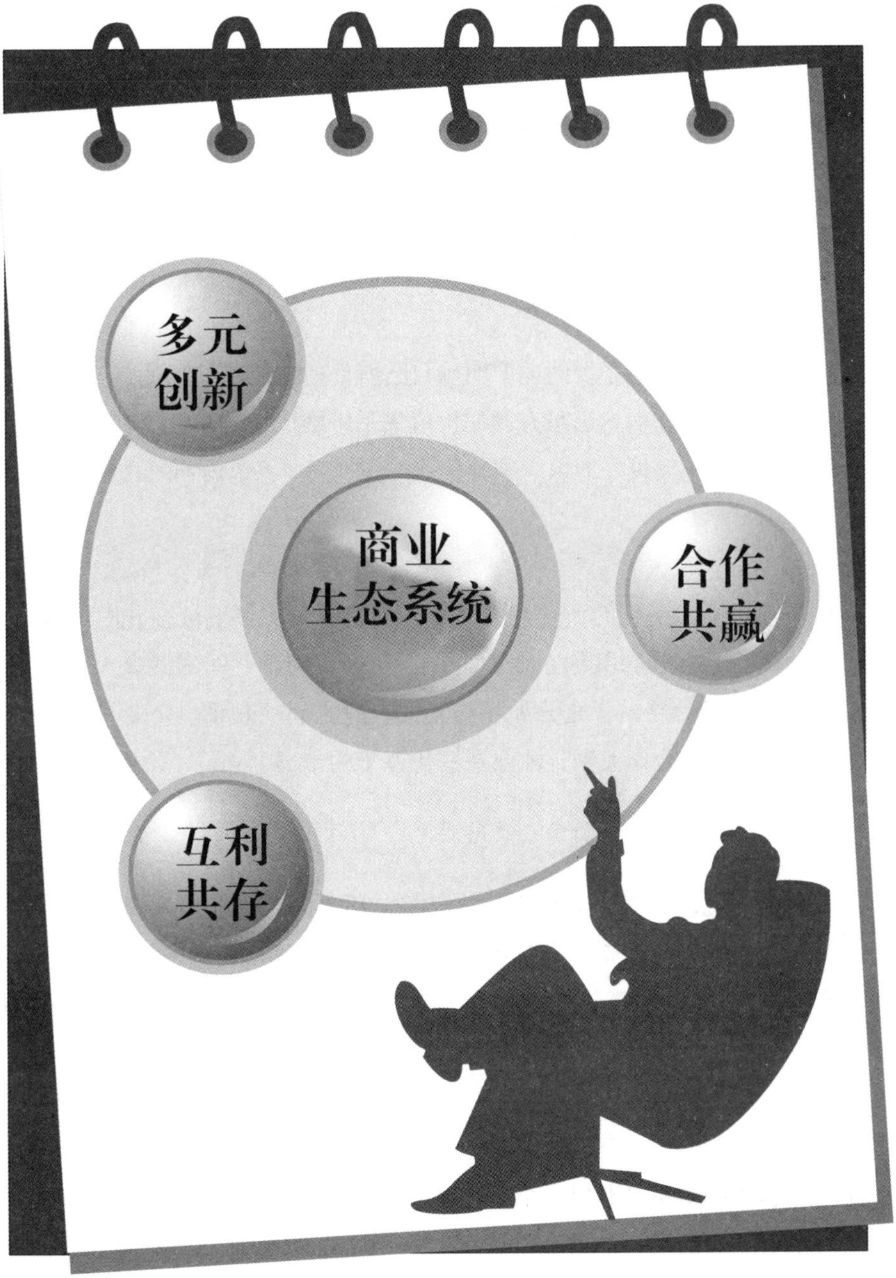
多元
创新
商业
生态系统
合作
共赢
互利
共存

NO2. 创新多样——商业生态系统设计

商业系统的设计对企业的发展至关重要，其设计正确，才能给企业带来正面的积极的影响。设计商业生态系统，要在准确定位的基础上加强合作，注重灵活多样性，以实现企业的有机发展。

一、准确定位

企业在设计商业生态系统时，要明确自己所处的地位，只有对自己定位准确了，才能使企业建立起对自己最有利的价值关系，维护好与客户、消费者、供应商等之间的关系，从而更好地组织领导企业，实现商业系统内部的共赢与平衡。

二、加强合作

市场需求是不断变化的，企业在面对日新月异的市场潮流变化时可能会力不从心，这就需要加强与其他企业的合作，实现不同企业间的共赢。商业生态系统设计要以市场为导向，充分加强与其他企业之间的联系。企业只有平衡与其他企业间的竞争、合作关系，才能在变化万千的市场中立足、站稳。

三、创新多样

对于企业来说，保持原地踏步就等于是落后，因此企业要根据市场变化进行适当灵活变动。企业的商业生态系统设计，需要注重创新，实现多样化发展。在进行产品和服务创新的同时，积极探索新的合作模式与盈利模式，以充分地发挥商业生态系统的优势。

四、有机发展

商业生态系统本质是有机发展的整体，因此企业的发展不能仅局限于眼前利益，要把目光放长远，在符合市场发展趋势的同时实现有机发展。设计商业生态系统时，要符合企业的长远利益，从大框架大格局出发，让企业进入良好健康的发展轨道。

准确
定位
创新
多样
商业生态
系统设计
加强
合作
有机
发展

NO3. 多方合作——建立组织的商业生态系统

商业生态系统各部分之间是相互协作、共同发展，既合作又竞争的关系。为了使商业系统内的不同企业不同部门之间加强合作，充分发挥最优作用，就要建立起合适的商业生态系统，实现各个环节各个部分的共赢，形成良性循环。建立组织的商业生态系统，需要制定相关制度，调整组织结构，并进行有效的沟通。

一、建立相关制度

制定相关制度，既能对组织的商业生态系统起到指引作用，又能起到预防不良后果的作用。制定制度时，要确保制度对各个组织的公平性，实现它们的协调发展。制度内容要尽量明晰具体，明确各个组织的收益分配情况。这样即使有利益冲突的情况发生，也可以按照相关制度解决，从而保证组织的商业系统的顺利运行。

二、调整组织结构

为了使企业在商业生态系统中达到最好效果，获取良好利益，企业各部门应顺应商业生态系统的优点，进行部门组织结构调整，实现向最优结构的转变。调整组织结构能加强企业各部门间的交流，提高市场信息的传递速度和准确性，使企业及时做出最恰当的战略调整。

三、加强组织沟通

商业生态系统是建立在多方合作基础上的，是一个利益共同体。在彼此的协作过程中，有效沟通必不可少。沟通不仅有助于解决生态系统运行中的各种矛盾和问题，还能加强彼此之间的联系，从而构建起一个富有活力的蓬勃发展的组织商业生态系统。

建立相关制度
建立组织的
商业生态系统
调整组织结构
加强组织沟通

重点微提醒

商业生态系统，是指以组织和个人的相互作用为基础形成的经济联合体。

设计商业生态系统时，要在准确定位的基础上加强合作，注重灵活多样性，以实现企业的有机发展。

建立合适的组织的商业生态系统，能实现各个环节各个部分的共赢，形成良性循环。

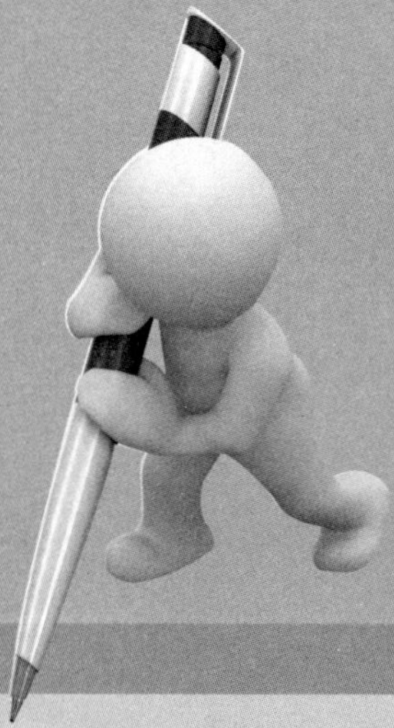

第二章

班子系统

1. 什么是企业的核心班子
2. 核心班子发展的四个阶段
3. 核心班子的组建

第1节　什么是企业的核心班子

【案例引入】

A公司由于公司效益好，一直是当地小有名气的明星企业。但最近半年来，公司的业绩明显下滑，企业领导者经研究后发现，原来是企业核心班子的某些成员不能以身作则，给员工带来了较坏的影响。此外，班子成员构成一直没有变动，如今已形同虚设，完全没有发挥其应有的作用。在发现问题后，A公司的领导者便对核心班子进行重组，除保留了企业的优秀管理人员外，还选拔任用了一些能力好且具有发展潜力的年轻人。此外，还加大了核心技术骨干的比例，并对核心班子的一些岗位进行调整，明确了每个成员的职责。在这一系列的班子建设措施的推动下，A公司的新一届核心班子迅速成长起来，给整个企业带来了焕然一新的正面影响，全体员工的积极性逐渐提高，企业的运营也渐入正轨。

A公司组建了新的核心班子，从而促进了整个企业工作氛围的改善，使企业又恢复到以前的良好运行状态。核心班子是企业的核心力量，在企业的发展中起着关键的作用，核心班子的成员作为企业的精英和骨干，忠诚与专业是其必不可缺的基本素养。

核心班子是企业的核心力量
在企业的发展中起着关键的作用

NO1. 核心班子的定义

企业的核心班子就是企业的核心人员。核心班子是企业发展的重要力量，主要由企业的优秀管理者与骨干员工组成，是企业一切活动的中心和核心。在企业中建立稳固的班子不仅能为企业提供强大的后备力量，还是企业发展的源泉。

核心班子站在统筹全局的高度，议大事、引方向、谋全局，引领整个企业健康有序地发展。核心班子成员分别各担其则、各司其职，在实现个人发展的同时，协作互助，形成强大的具有高凝聚力、高影响力的整体，从而对企业产生正面积极的影响。

在企业的核心班子里，主要有如下三种角色分工：总决策者、出谋略者及实施者。这三种角色分别发挥各自的作用，缺一不可。

总决策者是核心班子的灵魂人物，起着统筹全局的作用。身为核心班子的总决策者，必须具有大气魄、大胸怀与大格局，既能维持调节好核心班子内部的关系，团结每一个成员充分发挥他们所长，又能归纳总结成员的观点和建议，制定出最符合企业发展的战略方针，起着规划全局的作用。

出谋略者相当于核心班子里的军师，其具有敏锐的洞察力和开阔的思维，能根据市场行业发展情形和企业自身的客观状况提出客观合理的建议和见解，为企业的发展出谋划策。在核心班子里，出谋略者应积极献言献策，积极提高自己的创新意识，不断为企业的发展提出具有建设性和先进性的策略。

实施者负责具体事务的落实，再科学的战略方针如果不能落到实处，不能转化为促进企业发展、促进生产力提高的力量，那么只能沦为一纸空谈。核心班子里的实施者负责人、事、物的统筹管理工作，促进核心班子所做决策的落实。

总决策者、出谋略者及实施者应发挥好自己应有的作用，加强合作，提高核心班子的整体水平，铸就具有先进性的企业核心班子。

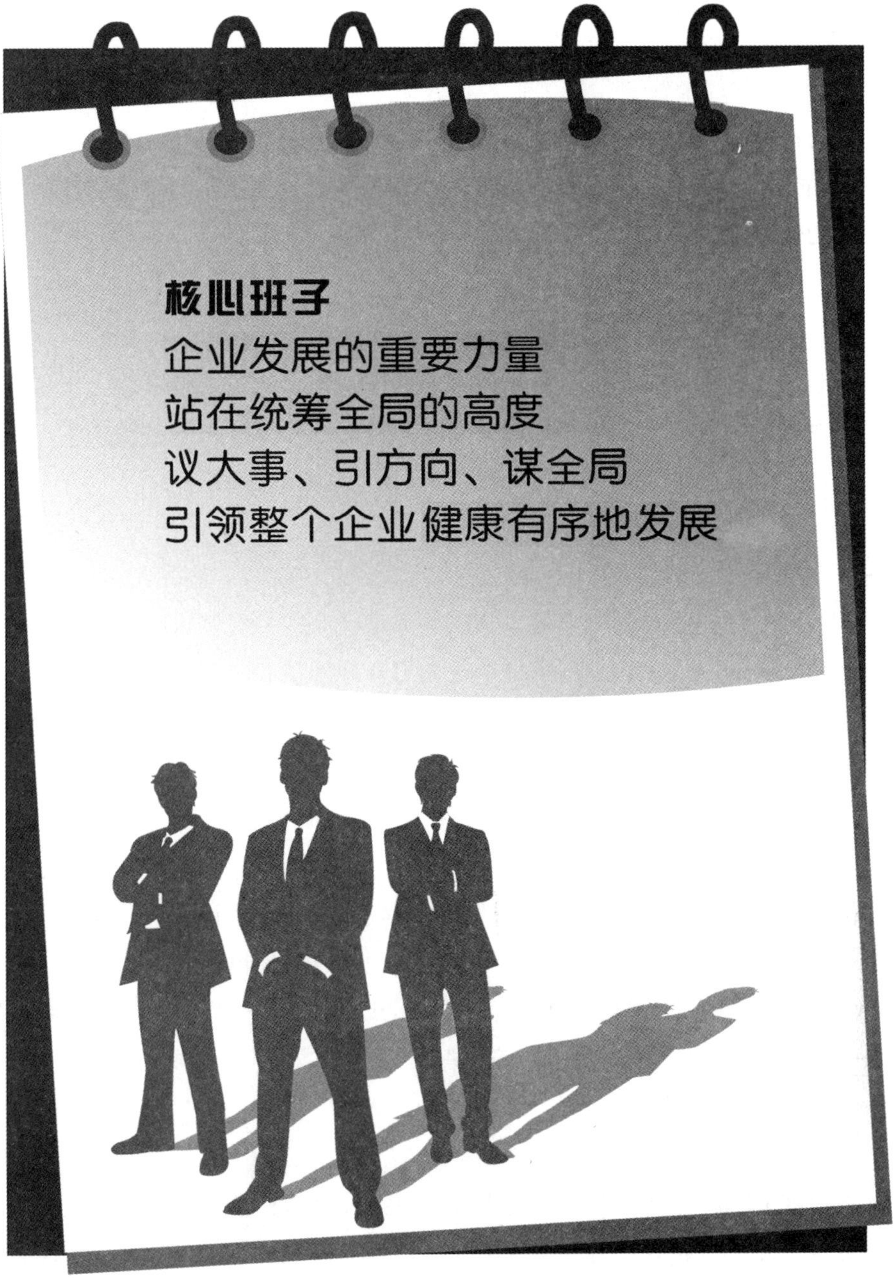
核心班子
企业发展的重要力量
站在统筹全局的高度
议大事、引方向、谋全局
引领整个企业健康有序地发展

NO2. 核心班子的作用

核心班子成员是企业的核心，具有共同的价值观和目标，它不仅能保证企业的和谐发展，监督引导企业的日常运行，还能对全体员工起着榜样作用及精神引导的作用。

一、促进和谐

核心班子对企业具有统筹管理协调的作用，不仅使企业日常的工作有序进行，还能调节企业的人事关系，使领导者与员工间形成和谐融洽的关系，从而为整个企业创造一种轻松自主的工作氛围，保证企业的和谐发展。

二、榜样作用

核心班子是企业的核心力量，其成员都是企业中举足轻重的人物，对员工有着十分重要的影响。核心班子是企业人力资源的精髓所在，是企业中的佼佼者，它对其他员工起着良好的榜样作用。班子成员应自觉规范自己的言行，为人表率，以实际行动去影响员工，给员工树立优秀的榜样形象。

三、监督引导

核心班子不仅规划了具有全局性的企业发展的战略、目标、计划，还规定了具体的步骤与工作流程等，决定了企业的发展方向和员工的努力方向，引导企业朝有序可持续的方向发展。核心班子还起着监管的作用，通过对企业人事和事务的管理，确保企业的发展有章可循。

四、精神指引

核心班子不仅对企业的发展提供智力支持，更具有精神象征意义。企业的核心班子不仅是企业的决策者与发展的推动者，更是企业文化与企业精神的践行者。因此核心班子要树立正确的价值观，提升自己的精神风貌，培养良好的品质和心态，凡事身先士卒，给员工提供强大的精神支持后盾。

核心班子成员是企业的核心
具有共同的价值观和目标
保证企业的和谐发展
监督引导企业的日常运行
对全体员工起到榜样作用及精神引导的作用

NO3. 核心班子成员的特点

在不同商业模式下，班子的构建不同，在同一商业模式的不同阶段，所需要的班子也是不一样的。但不论核心班子的结构构成怎么变化，核心成员的特点不会变，那就是使老板站在投资人和员工的角度思考看待问题，管理层站在老板的角度解决问题，员工站在老板的角度避免问题，最终促进企业站在客户的角度、客户站在企业的角度去思考解决问题，实现双方的共赢。为了达成这一目的，班子成员必须做到忠诚与专业。忠诚的素养是成为企业核心班子的前提，专业的思维是核心班子充分发挥作用的基础。

一、忠诚的素养

（一）忠诚于职业

职业不仅能为你提供经济上的保障，还能让你的生活更充实。忠于你的职业，遵守职业道德，爱岗敬业，不断提升你的专业素养并完善自己，能让你更胜任目前的岗位，使你在职业的道路上越走越远，实现人生质的转变。

（二）忠诚于公司

作为核心班子的成员，必须要对公司忠诚。忠诚于公司是基本的职业道德之一，员工应把个人的发展规划融合到企业的发展之中，积极为企业发展贡献自己的力量。

（三）忠诚于客户

客户是公司盈利的来源，为客户保守秘密、忠诚于客户才能得到客户的信任。对客户忠诚是维持稳固客户圈的前提。

（四）忠诚于价值

核心班子成员要忠诚于公司的价值观，坚持正确的价值取向，维护企业利益，努力为企业发展做出重要贡献。

忠诚的素养

- 忠诚于职业
- 忠诚于公司
- 忠诚于客户
- 忠诚于价值

专业的思维

- 自主、进取、负责的工作意识
- 专业的职业技能
- 高效节能的工作方式
- 认真负责、按机制办事
- 不断提高处理事情的能力

二、专业的思维

（一）思维模式

用专业的思维模式去解决工作中遇到的问题，同时转变思想，树立自主、进取、负责的工作意识。

（二）职业技能

核心成员要具有专业的职业技能，才能在工作中更胜一筹。

（三）工作方式

养成良好的工作习惯，加强团队间的沟通与合作，低调踏实做事，以高效节能的工作方式促进工作效率的提高。

（四）执行流程

工作中要认真负责，严格按照流程进行，按机制办事。同时应注重节俭，降低每一工作环节的成本。

（五）执行能力

执行力是把想法转化为行动以达成目标的能力，班子成员只有不断提高处理事情的能力，培养高执行力，才能为公司创造更高的价值。

重点微提醒

没有核心班子，企业将会失去主心骨。

核心班子促进企业和谐，监督引导企业运行，是全体员工的榜样和精神导师。

忠诚的素养与专业的思维是核心班子成员的标配，是发挥其先进性的基础。

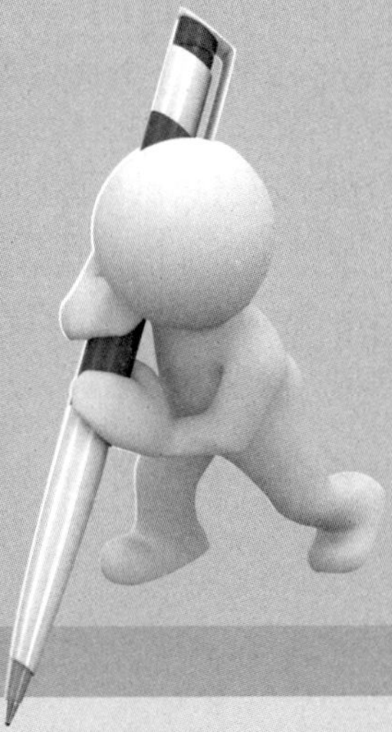

第 2 节　核心班子发展的四个阶段

【案例引入】

张实是一家民营企业的老总，在他的领导下，企业由一个小生产厂商渐渐发展起来，成为行业里的佼佼者。他的企业里，有一支优秀的核心班子队伍为他出谋划策，不仅减轻了他的工作负担，还使整个企业的管理井井有条。张实在平常工作中一直注重发展提升核心班子的实力。他不仅给核心班子成员提供丰厚的薪酬待遇，还加强班子成员的思想价值观建设，实现班子成员自身的发展与企业发展的统一。在不断加强核心班子对企业归属感的同时，班子成员的精神面貌和工作效率都有了很大的提升，张实的企业的竞争力也越来越强。

张实注重发展核心班子，给班子成员提供丰厚的物质奖励并加强思想建设，从而提高了核心班子的凝聚力，促进了企业的发展。企业在组建好核心班子后，还要注重其发展完善。核心班子的发展要经历物质匹配、思想统一、精神共存及灵魂投映这四个阶段。

企业在组建好核心班子后,
还要注重其发展完善,
给班子成员提供丰厚的物质奖励
并加强思想建设,
从而提高核心班子的凝聚力,
促进企业的发展。

NO1. 物质匹配：薪酬和股权激励

物质奖励是最直接也是最受员工欢迎的奖励方式，通过物质奖励，员工能获得切实的利益，也就会更卖力地为企业工作。物质匹配是企业核心班子发展的第一个阶段，班子成员为企业做出贡献，就应该获得与其付出相匹配的物质回报，物质匹配是建立稳固的核心班子的基础，它主要体现在薪酬和股权激励两方面。

一、薪酬激励

1. 合理的薪酬制度是企业人事管理的基础，薪酬的制定应符合企业自身情况和行业标准。不合理的薪酬制度会造成核心班子成员士气低落，使他们觉得自己的付出没有得到相应的回报，因此会大大挫伤他们的积极性。

2. 根据不同班子成员为企业做出的不同贡献以及所取得的不同的工作成就，实行有区分度的薪酬制度，使每个人的收获与付出成正比。有区分的薪酬不仅体现了公平和按劳分配原则，还能激发核心班子的工作热情。

3. 落实奖金的发放，因为优厚的薪资待遇是企业留住人才的关键。可根据班子成员的表现适当调整他们的工资，用合理的薪酬激励他们为企业做更大的奉献。

二、股权激励

1. 股权激励是通过给予员工一部分股份，使他们获得客观经济收益的同时还能参与到企业事务的决策中来。股权激励能使核心班子与企业形成一个更紧密的整体，使他们觉得自己也是企业的主人，企业的利益与自己休戚相关，因此会更努力为企业工作。

2. 银股经常被用于对员工的激励中。企业通过给予核心班子成员低于实际价值的股份价格，使他们以低价获得企业股权。银股是一种限定形式的股份，使核心班子以“真金白银”的资金形式参股，并且附加了退出机制，是一种比较规范化的股权激励方式。

3. 身股也是股权激励的一种方式，是指以个人劳动力或技术参股。身股并不需要班子成员出资金，在为班子成员节省经济成本的同时，还能让他们拥有参与企业经营管理和分红的权利。

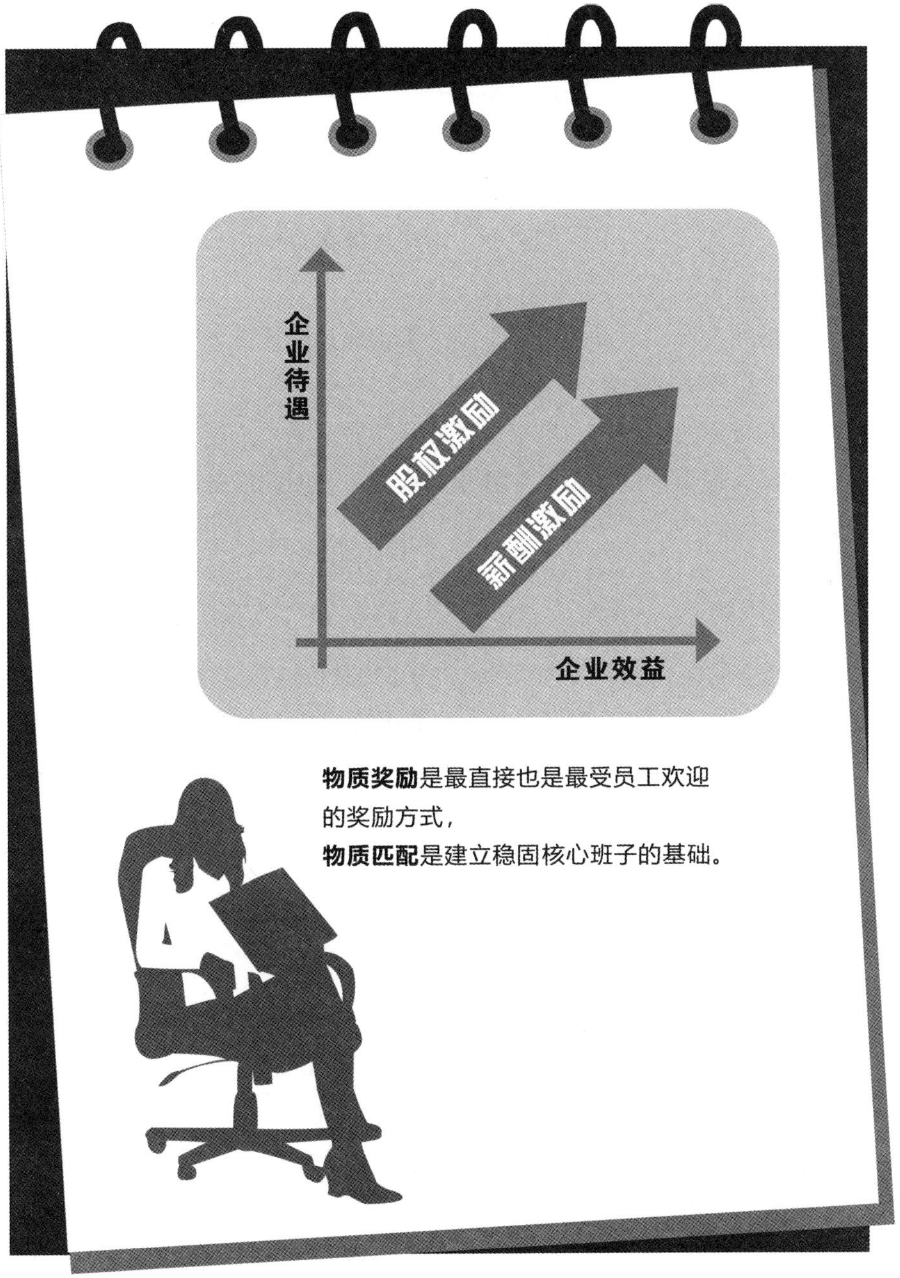

NO2. 思想统一：目标、思想、行动统一

核心班子发展的第二个阶段是思想统一的阶段，只有做到目标、思想、行动三个方面的统一，才能使其形成共同发展的整体。

一、目标统一

1. 核心班子成员应有共同的目标，这样才能保证他们形成强大的合力，从而促进目标的达成。

2. 目标指导工作。目标统一了，每个班子成员的任务分工才会更明确，才能促进他们工作效率的提高。

3. 统一的目标能加强核心班子成员之间的协作关系，当大家是为了同一个目标而努力时，那么他们必定存在着相同的利益，因此能推动班子成员之间的协作互助。

二、思想统一

1. 作为企业的核心班子，其所有成员的思想及价值观应符合企业文化。

2. 班子成员应具有相同的价值取向，都是为了企业的发展而奋斗，这样才能保证核心班子对企业的发展发挥重大的作用。

3. 统一的思想能使核心班子内部形成融洽和谐的关系，提高核心班子的凝聚力，促进核心班子整体实力的提升。

三、行动统一

1. 核心班子作为企业内部的具有重大影响力的团体，其行动的统一会促进企业目标的顺利达成，有利于企业日常工作的有序进行。

2. 核心班子的行动统一了，才能给企业的普通员工起到良好的榜样示范作用。

3. 核心班子的行动要与企业的发展计划及发展步伐一致，不宜过于激进或滞后，从而保证企业发展的顺利。

目标统一

齐心合力
分工更明确
协作互助

思想统一

相同的思想
相同的价值取向
融洽和谐的内部关系

行动统一

促进企业目标的达成
良好的榜样示范作用
不宜过于激进或滞后

NO3. 精神共存：价值理念合二为一

核心班子发展的第三个阶段是要与企业实现精神共存，只有班子成员的价值理念与企业的相吻合，才能为企业的持续、高速发展提供不竭的人才动力。

企业有自己独特的企业文化，企业文化所宣传的企业理念、企业价值观及企业发展观指导着企业的日常运行。核心班子成员精神的培养应以企业文化为依据，在此基础上发展符合自身情况的价值理念。

企业应为员工提供人性化的工作环境，提高核心班子对企业的良好感受。如果要做到与企业的价值理念一致，班子成员要把自己当成企业的主人，努力为企业工作并为企业的长远发展提出好的建议。

在日常工作中，班子成员应始终坚持正确的价值观和发展理念，不断完善自我，实现与企业的共同成长进步。精神共存就是要把价值观与理念合二为一，因此班子成员要把自己的价值取向融入企业的发展理念之中，在企业的大环境里促进自身的发展。

实现核心班子与企业的精神共存，能加强核心班子对企业的归属感，使他们自觉地把促进企业发展作为自己应承担的责任，从而为企业奉献更多的聪明才智。

核心班子与企业的精神共存，
能加强核心班子对企业的归属感，
使他们自觉地把促进企业发展作
为自己应承担的责任，
从而为企业奉献更多的聪明才智。

NO4. 灵魂投映：相互融合永不分开

灵魂投映是核心班子发展的第四个阶段，也是其最高境界。当真正能到达这一阶段时，企业就相当于拥有了坚固的人才资源保障。

做到灵魂投映需要核心班子成员不仅把工作当成是一种必须完成的任务，更把它看成是人生价值的体现，真正全心全意为企业发展着想。核心班子把自己完全融入企业的发展之中，就要切实维护企业利益，并且在必要时舍弃个人利益。员工应把企业当成是自己的家，为企业的美好未来奉献自己的聪明才智。

作为企业的骨干，核心班子成员对企业的发展有深刻的影响。核心班子与企业的灵魂投映能使班子成员兢兢业业为企业工作并不会背叛企业，从而使人才能真正留得下来，与企业共同成长。灵魂投映是员工与企业相互融合永不分开的重要基础。

实现灵魂投映，班子成员应树立以为企业工作为骄傲、以为企业工作为乐事的意识，从而在为企业奉献的过程中实现自己的人生价值，发挥自己的光与热。

重点微提醒

物质匹配以薪酬和股权激励为主，是建立稳固的核心班子的基础。

统一目标、思想与行动是核心班子的第二发展阶段。

实现核心班子与企业的精神共存能加强班子成员的归属感。

灵魂投映是核心班子发展的最高境界。

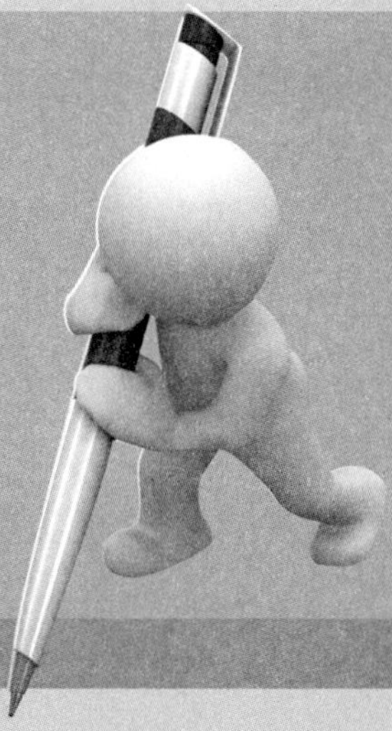

第3节　核心班子的组建

【案例引入】

在日本电力工业处于全面萧条的状态时，东京电力公司总经理平岩果断进行人事改革，他根据各部门的实际情况和岗位需求，从公司内部选择了一批知识丰富、能力良好的管理人才担任各部门的领导，组建新的核心班子。同时，平岩还加强人性化管理，鼓励员工积极创新，给他们提供足够的发展空间，提高他们的归属感。在平岩的改革下，核心班子里人才济济，带动了整个公司的发展，并最终使公司扭亏为盈，走出困境。

在面对行业的不景气时，平岩果断组建新的核心班子，不仅慎重选拔人才，还注重激发员工的积极性，充分发挥每个人的优势。核心班子的组建需按照选才的标准进行，同时遵循育人、留人、用人、裁人的原则，以保障核心班子的优势，充分发挥核心班子的作用。

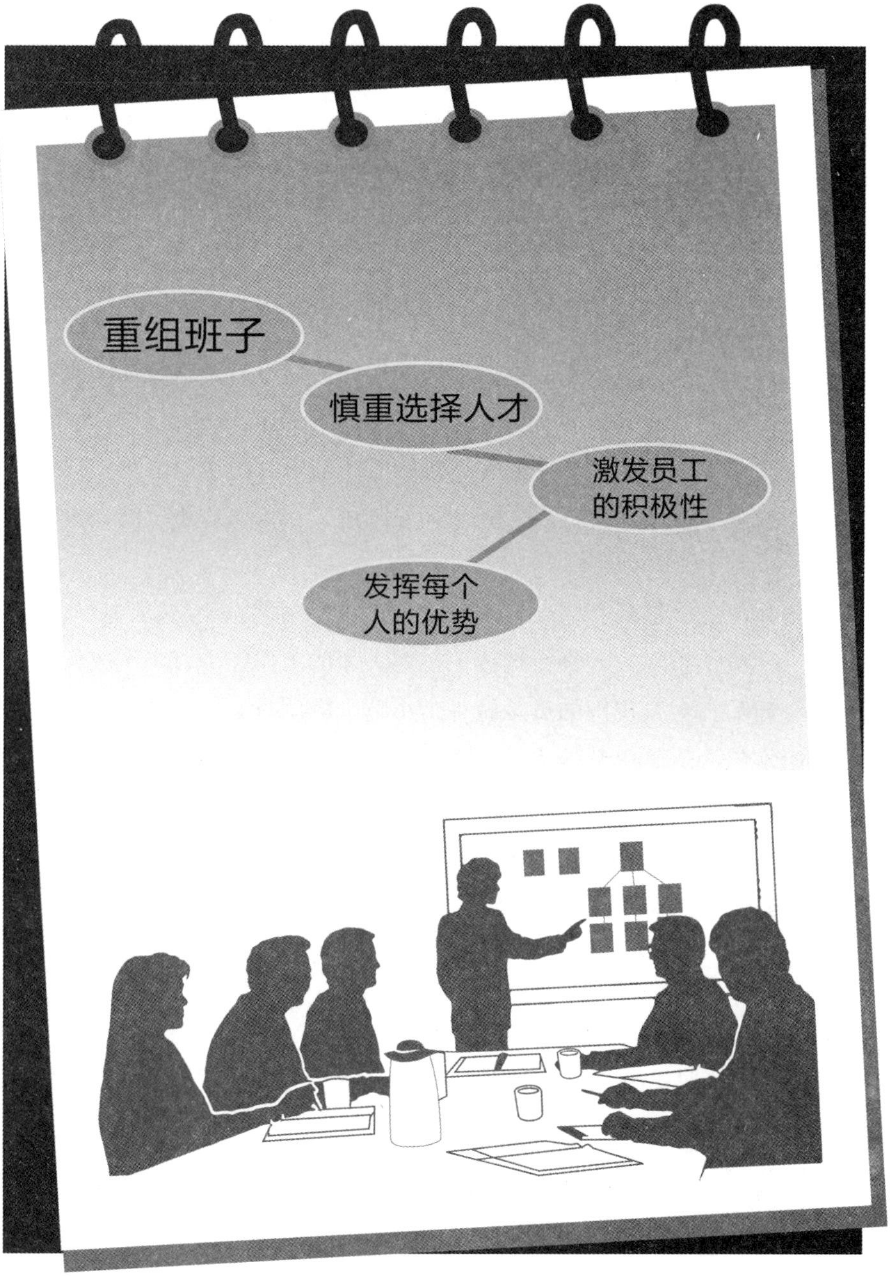
重组班子
慎重选择人才
激发员工
的积极性
发挥每个
人的优势

NO1. 选才的标准：依据事业和岗位需要选人

核心班子的组建，需要慎重选择成员，依据事业和岗位的需求选择最合适的人才。

世界 500 强企业麦当劳在选人上就极为慎重，在选人时的着重点不是服务行业都很看重的“形象好、气质佳”，而是根据岗位需求选择能吃苦耐劳、具有良好服务意识的人。在麦当劳，能吃苦耐劳、勤奋向上、有良好职业道德的员工才算是优秀的员工。依据事业的发展和岗位的需求选择最合适的更有内在美的员工，注重员工的踏实能干、良好的心理素质和抗压能力以及成长潜力，保证了麦当劳事业长青不衰。企业在选拔人才组建核心班子时，更要选择最符合岗位要求、具有担当资本的人，做到人尽其用，保证核心班子的先进性与权威性。

领导者在组建核心班子时，不可高估自己的识人能力，在选人时操之过急、意气用事，而应慎重对人才进行选拔。在对人才的工作能力、工作成长经历等进行深入分析后，对其周围的员工做一个小范围的调查，了解其道德品质及价值观，并听取核心班子里其他成员的意见，集体讨论人才是不是能达到进入企业核心班子的标准。当确定人选后，领导者应用一段观察试用期去考察人才的实际能力是否和岗位相匹配，并进行亲自辅导与指正，促进人才的成长，使其能尽快扛起核心班子成员应担负的重任。

企业在选拔人才组建核心班子时，
要选择最符合岗位要求、具有担当资本的人，
做到人尽其用，保证核心班子的先进性与权威性。

NO2. 育人的原则：激发员工对事业的幸福感

核心班子的组建要能促进其成员的能力的发展与完善，遵循育人原则，充分激发员工对事业的幸福感。提高员工的工作幸福指数，需做到以下几点：

一、对企业有认同感

对企业的认同是员工能踏踏实实为企业做贡献的基础，这种认同感包括对企业发展模式及发展战略、企业管理、企业文化、规章制度等方面的认同。只有班子成员从心底认同企业，才能自觉地维护企业的利益与形象。对企业的认同感能培养班子成员对本职岗位的自信心与自豪感，使他们以自己的工作为乐趣。

二、对企业有忠诚度

忠诚的员工是企业的无形财富，对企业忠诚是核心班子成员必备的基本素质。巩固员工对企业的忠诚度，能使他们充分发挥自己的力量推动企业的发展。核心班子的忠诚度与企业的切实利益相关，能使班子成员从心底觉得自己是企业的主人，自己有义务为企业发展贡献力量。

三、有凝聚力、创造力

培养班子成员的凝聚力与创造力是企业育人的重要目标之一。提高他们的凝聚力，不仅有利于维持核心班子内部关系的和谐，形成互帮互助、携手共进的班子氛围，还能加强他们对企业的归属感。培养创造力是核心班子自我提升的精髓所在，创造力对整个企业的发展都至关重要。具有创造力的核心班子，能成为企业发展的重要支柱力量。

四、良好的沟通能力

只有具有良好的沟通能力，才能充分发挥核心班子的优势，提高工作效率，并为企业营造良好的工作氛围。核心班子不仅要加强与企业领导者的沟通，还应能与普通员工形成良好互动的沟通关系。增强班子成员的沟通能力，提高他们的沟通技巧，能使企业的氛围更加和谐融洽，从而能提高每个员工的幸福感。

五、良好的心态

良好的心态是核心班子的标配，心态好了，便能看淡一切，幸福感会油然而生。作为企业的骨干力量，核心班子成员应具有能抵抗压力、承受委屈的过硬心理素质，越是位高权重越是要有大胸怀。此外，班子成员应有坚持到底的信念，在事情陷入困境时不气馁，积极寻求新的解决途径。培育核心班子应该使他们在多次不完美的尝试中不断发展完善，实现快速成长。

NO3. 留人的心境：寻找企业内部创业家

培养全员创新意识、提升企业的创新能力也是提高企业核心竞争力的关键所在。企业应为员工提供良好的工作氛围，让所有有梦想的员工都成为企业内部的创业家，这不仅能提高员工的工作积极性，还能使他们的价值得到充分体现，从而加强他们留在企业与企业共同发展的意愿。倡导企业内部创业家能为优质人才提供更广阔的发展天地，从而使企业能留得住人才。

3M 公司提倡“培养内部创业家”的管理理念，吸引汇聚了大批高科技人才。作为一家全球性的多元化科技企业，为了保证鼓励内部创意的理念落到实处，3M 公司允许技术人员利用 15% 的上班时间从事自己的创意专案研究。许多有应用意义的产品就这样被发明了出来，便利贴是其中的一个代表。便利贴是由 3M 公司的工程师富莱发明的，他从一种黏性较弱的胶和自己做礼拜的生活体验中获取灵感，发明了一种带胶的纸片。这种便利贴推出后，带来了较好的经济效益。

3M 公司能成为“全球最具创新精神的 20 家公司”之一，与其内部创业意识的培养密切相关。内部创业意识的培养，使员工能充分发挥潜力；反过来，内部创业机制又增加了 3M 公司留住人才的筹码，使企业留住了大批人才。

培养企业的内部创业家，需树立全员内部创业意识，增强领导班子的创新能力。同时要加强相关制度的建设，建立奖励机制激发员工的内部创业热情，为班子成员的内部创业活动提供制度上的保障。此外，企业的内部创业机制是建立在企业的框架之内的，因此领导者要加强对内部创业人员的管理，保障内部创业工作有序高效地进行。

培养企业内部创业家
树立全员内部创业意识
增强领导班子的创新能力
加强相关制度的建设
激发员工的内部创业热情
加强对内部创业人员的管理
企业内部创业

NO4. 用人的理念：把合适的人用到合适的位置

组建一个优秀的核心班子，需要把合适的人用到合适的位置，充分发挥每一个人才的优势，从而保证核心班子的先进性。把合适的人放在合适的位置，需要充分了解员工，根据岗位的具体要求作安排，并且尊重员工的自主选择。

一、充分了解员工

1. 领导者在用人前，要先对所用之人的基本情况有清晰的了解，包括此人的性格特征、思想品德及能力等。

2. 领导者在用人时应深入了解员工，不能只看他一时的表现，特别是对重要岗位的人才任用，更要充分地进行观察，以了解其真实情况。

3. 领导者在用人时，不能一意孤行、盲目任用，应与其他核心班子成员进行协商讨论后作出慎重的抉择。

二、依据岗位要求安排

1. 不同的岗位有不同的要求，职责范围也不同，因此领导者在用人时，应根据岗位的具体要求，选择最合适的人才。

2. 人才即使再优秀，如果不具备岗位所需要的专业素养和工作能力，那么最好不用，因为人才的不合理任用，不仅不能充分发挥这个岗位应有的作用，还会阻碍人才自身的发展。

三、尊重员工选择

1. 领导者对员工进行岗位或职务调动前，应让员工知晓，在员工知情的情况下予以调动。

2. 领导者应充分尊重员工的选择，在员工意愿的基础上进行任用。

3. 在对员工任用的基础上实现员工的自主发展，给员工留有自由充分的发展空间。

充分了解员工

- 基本情况的了解
- 重要岗位需深入观察
- 协商讨论后做抉择

依据岗位要求安排

- 根据岗位要求，选择合适的人才
- 具备岗位所需要的专业素养

尊重员工选择

- 在员工知情的情况下予以调动
- 任用时应尊重员工的选择
- 实现员工的自主发展

NO5. 裁人的底线：不能触碰的原则

核心班子的发展应维持其先进性，及时淘汰不合格的成员，保证核心班子的正面影响力。

日本伊藤洋货行的创始人伊藤雅俊在进入食品行业时，花费了很大力气聘来了有着丰富食品行业管理经验的岸信一雄。岸信一雄上任后，公司的业绩有了很大的提升。然而随着公司的发展壮大，岸信一雄变得骄傲自满，他多次违反公司的规章制度，并且轻视其他员工。此外，他还听不进伊藤雅俊的批评教诲，依旧我行我素。在他的恶劣影响下，员工的工作积极性锐减，部门工作效率也大大降低。最终伊藤雅俊只得挥泪斩马谡，毅然辞退了岸信一雄。

岸信一雄虽然为企业的发展做出了重大贡献，但却多次挑战企业规章制度的权威性，其行为严重影响了其他员工，阻碍了企业的正常运行。伊藤雅俊作为企业的董事长，以大局为重，严格按照制度行事，毅然辞退岸信一雄，维持了企业的正常运行秩序。

领导者在组建核心班子时，应当机立断，裁掉那些阻碍企业发展、屡教不改的人。企业是一个严密的团体组织，具有秩序性和纪律性，身在企业里的每一个人都要约束自己的言行。核心班子更要以身作则，做好榜样示范作用。不遵守规章制度，触犯原则的人会给其周围的人带去负能量，从而影响整个企业的环境氛围，不利于企业的健康发展。对于这些人，企业应坚决予以开除，不能因为一个人而影响整个企业的战斗力。领导者应严格按机制行事，坚持裁人的底线，以保证核心班子的生机和活力。

骄傲自满
居功自傲
违反制度
屡教不改
目中无人
我行我素
阻碍发展
触犯原则

重点微提醒

- 促进核心班子成长，提高他们的工作幸福指数是关键。
- 企业内部创业机制是留住人才的重要筹码。
- 把合适的人放在合适的位置是发挥人才优势的前提。
- 及时淘汰不合格的成员方能保持核心班子的先进性。

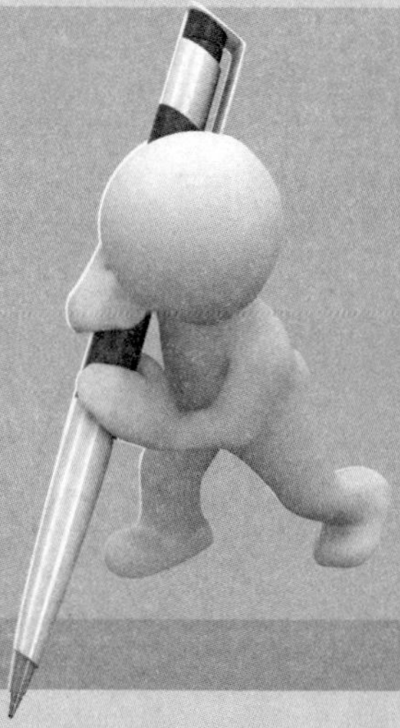

第三章

团队系统

1. 人力资源六脉神剑
2. 吸引、留住人才的三要素
3. 从个体到团队的正能量修炼

第1节　人力资源六脉神剑

【案例引入】

松下公司由一个小作坊发展成为规模较大的家用电器公司，靠的是其高明的人力资源建设。其创始人松下幸之助深知团体力量的重要性，为了提高员工的凝聚力和对公司的归属感，他很注重培养员工的自豪感与自信心。他经常会亲自上阵与全体员工共同送出货物，每到这时候，整个公司会形成一个庞大的有气势的送货队伍，在马路上前进。当身处由几百辆货车组成的浩浩荡荡、威武神奇的送货大军中，每个员工都会油然生出作为松下公司一员的自豪感。在树立团队建设意识的同时，松下还注重充分发挥每一个员工的聪明才智，公司设立了专门的奖励制度用来鼓励员工积极发表意见。正是这种轻松自由的信任关系，使员工产生了强烈的主人翁意识，积极为公司发展贡献自己的一份力量。在团队高凝聚力的影响下，松下公司迅速发展起来，成为大型的跨国公司。

松下公司的迅速茁壮成长源于其科学合理的人力资源建设，在培养员工自豪感的同时积极鼓励员工提出不同意见，从而激发了员工的工作热情和责任感，对企业的发展产生了强大的推动作用。高质量的人力资源在企业发展中至关重要，能为企业的长远发展提供坚实的后续力量。充分发挥人力资源优势需做好低成本招募、高效培训、区别培养、营造学习氛围、出版自媒体及组建企业大学这六大方面的工作，从而为企业的发展和团队系统建设保驾护航。

培养员工的自豪感和自信心，
充分发挥每个员工的聪明才智，
倡导主人翁意识，
才能使企业茁壮成长。

NO1. 借力打力——低成本招募

人力资源是公司不断发展的动力，人才的招募是企业日常运营的重要一环，也是企业长期发展的潜力所在。企业在进行人才招聘时，要学会借力打力，以最节俭的成本获取最大成效。低成本招募方式不仅能为企业节省大量人力财力，避免在招聘过程中耗费过多精力，还能使企业获得最合适的人才。招募人才时，应借助内力和外力的合力，实现最大限度地节约成本。

一、借内力

（一）部门招聘专员机制

在招聘工作实施前，制订科学合理的招聘计划和招聘流程，组建专门的招聘小组，挑选最合适的人选作为招聘专员，最大限度节约招聘成本。招聘专员尽量选取不同类型的员工担任，这样才能保证在人才招聘时有多样化的意见，使招聘工作不仅仅是偏重某一类应聘者。

（二）员工转介绍机制

员工转介绍机制是低成本招募的重要途径。鼓励员工积极为公司推荐介绍人才，建立员工转介绍奖励机制。员工转介绍机制能为企业招聘节省成本，为空缺岗位及时补充合适的人才。但要注意不能任人唯亲，对于靠介绍进来的人才也要加大监督考察力度，留下能胜任者。

（三）人才引进机制

人才引进是最直接最高效的招聘方式，在避免冗长烦琐的招聘流程的同时还节约了招聘工作需耗费的大量精力。在企业重要岗位出现人才空缺时，用良好的福利、职位待遇去引进优秀人才，能为企业及时补充新鲜血液，从而保障企业的正常运作。

人才招募

内力

- 组建专门的招聘小组
- 鼓励员工推荐介绍人才
- 用好的福利引进优秀人才

二、借外力

（一）校企合作式

企业可建立校企合作模式，充分发挥高校优势，把学校作为企业补充人才资源的后方基地。校企合作模式不仅能利用高校教师资源，用他们的最新研究成果提高企业科技水平，把科技成果转化为生产力，还能将学生资源作为企业人才招募计划的后备力量，避免出现公司人才的断层。

（二）定向培养

定向培养不像社会招聘那样耗费大量人力物力还不一定能招到合适的人才。定向培养是一种有的放矢的人才储备方式，经过定向培养的人才对企业的适应性强，能在短期内为企业创造效益，是企业人才资源的重要力量。

（三）管培生计划

管培生计划是一个系统的工程，有利于企业的长期发展。企业应选择那些具有一定能力和发展潜力的人员作为重点培育对象，从基层予以历练，从而使他们能成为企业的中流砥柱。管培生计划不仅有利于建立起一支稳固的人才队伍，还能形成恰当的人才梯队，为企业的长远发展提供有力保障。

（四）猎头资源

企业可以借助猎头资源的力量，寻找一些合适的人才。专业的猎头顾问能为企业提供超值服务，不仅降低了企业“漫天撒网”式的招聘成本，还能为企业网罗高质量的人才，是企业求取高级人才的重要渠道。

外力

- 高校企业合作共赢
- 定向培养合适的人才
- 重点培育有潜力的人才
- 网络高质量的人才

NO2. 全员多样——高效培训

企业培训是对员工的一种智力投资，定期对员工进行培训能提高员工的职业技能，优化其专业知识结构和职业道德素养，增强员工的凝聚力，从而为企业创造更高的效益，使企业能紧跟市场发展潮流。全体员工的进步是企业发展的重要保障。完成培训目标，实现培训效果，需把固定流程培训模式和分享交流培训模式相结合，保证培训的高效性。

一、固定流程培训模式

1. 入司系统培训——在新员工入职前进行系统培训，是员工培训的第一步，会影响新员工对企业的初步判断。采取多种简单亲切的培训方式能让新员工了解企业的基本状况和相关规章制度，增强他们的环境适应性。

2. 上岗专业培训——对新员工进行专业技能和岗位工作流程等与本职岗位相关的培训。经过上岗专业培训后，新员工能对工作上手较快，能在较短的时间内为公司创造效益。

3. 回炉培训——回炉培训是一种加强型的再培训，是人才的再造过程。不仅有利于为员工查漏补缺，帮助发展滞后的员工积极前进，还能使优秀的员工发展更出色，使公司不断涌现出新的人才。

4. 烧烤培训——定期组织一些员工活动，如烧烤等休闲活动。这种培训方式寓教于乐，在使员工得到身心放松的同时，带给员工一些启发和教育。

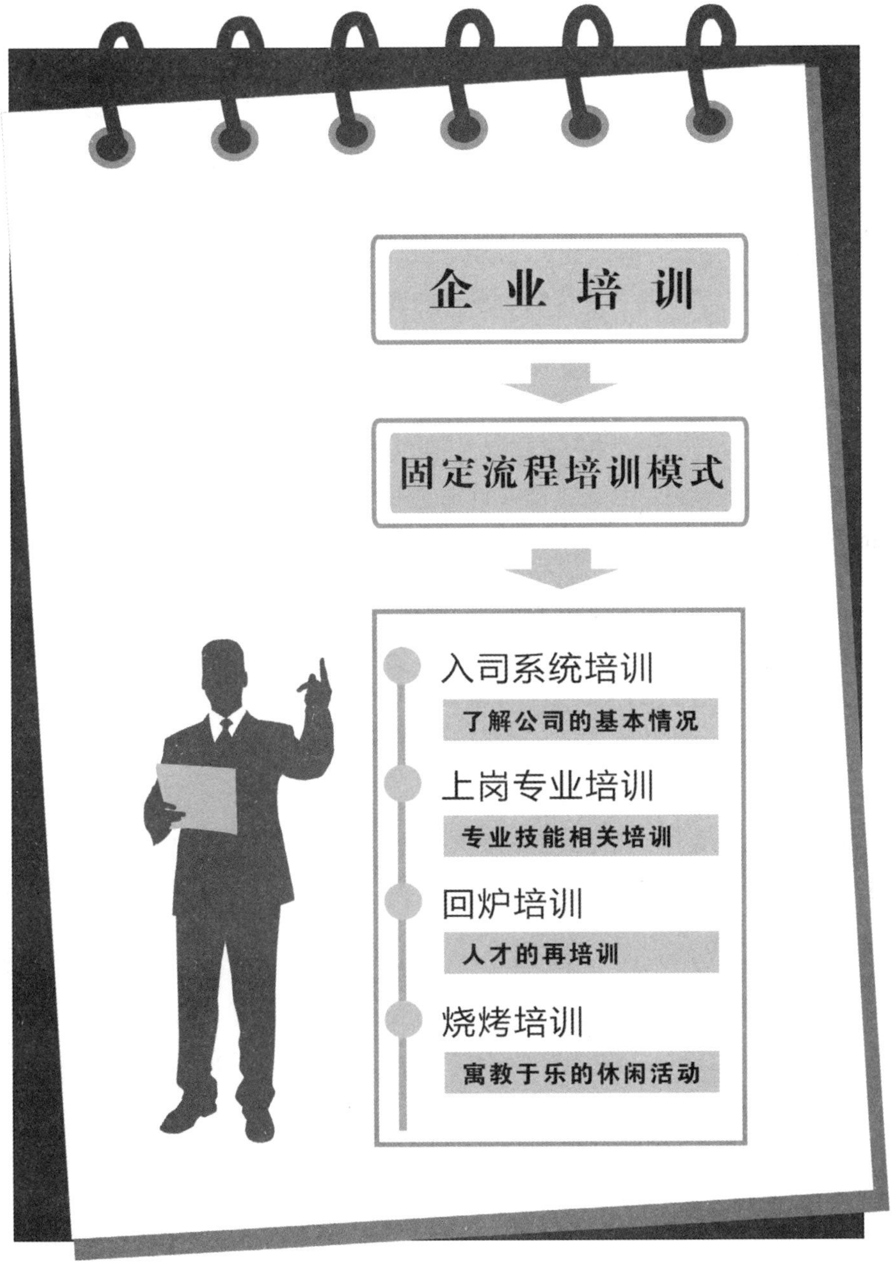
企业培训
固定流程培训模式
入司系统培训
了解公司的基本情况
上岗专业培训
专业技能相关培训
回炉培训
人才的再培训
烧烤培训
寓教于乐的休闲活动

二、分享交流培训模式

1. 经验交流会——定期组织员工交流会，使全体员工积极学习吸收优秀员工的经验，促进整个组织的共同进步。

2. 精英访谈——对行业内的或本企业的精英进行访谈，给员工树立良好的学习榜样，使他们扬长避短，激发潜在的工作动力。

3. 案例采集培训——收集成功和典型的案例，以这些案例作为素材，提炼出精华，对员工进行培训，让员工获得成长。

4. 答疑解惑卡——企业可以印发答疑解惑卡，让员工记录工作时遇到的问题和疑惑，定期对这些答疑解惑卡进行回收，整理出员工中最普遍最典型的问题予以公开解答，为员工答疑解惑。

5. 视频学习——录制相关视频，让员工根据视频资料进行学习。这是一种节约的培训方式，灵活性大，能使员工学习到最新最先进的东西，但不能保障培训效果。

6. 书籍分享——组织员工交流各自的书籍，实现书籍的共享。不仅能为每位员工节省学习成本，还能使资源得到最大利用，形成良好的学习氛围，促进企业全员的共同发展。

7. 外派交流——积极实施“走出去”战略，外派员工交流学习，为企业的发展注入新的活力与潜力。

8. 知名企业观摩——到知名企业观摩学习，习人之长，补己之短。通过与大企业的对比，不仅能发现企业自身的劣势与短板所在，还能激发员工的工作斗志。

分享交流培训模式
经验交流会
吸收优秀员工的经验
精英访谈
访谈精英树立榜样
案例采集培训
以案列为素材培训员工
答疑解惑卡
为员工答疑解惑
视频学习
根据视频资料进行学习
书籍分享
书籍交流共享
外派分享
外派员工交流学习
知名企业观摩
到知名企业观摩学习

NO3. 因人而异——区别培养

区别培养是企业实现培训高效性的重要补充方式，这种因人而异的培养方式不仅能充分发展员工的优势与特长，还能为企业节省大量培训成本，有利于更多员工的发展。根据员工水平的不同，区别培养模式可以分为新兵班、精英团、猛虎团、Y 型培训。

一、新兵班

1. 此种培养模式的培养对象主要为刚入职新员工及那些发展较慢的员工。

2. 新兵班的培养目的是提高、巩固、发展培养对象的能力，使他们成为企业发展的坚实力量，促进企业凝聚力的形成。

3. 新兵班的培养内容应该以夯实基础，提高职业技能与解决问题的能力为主。

4. 新兵班的培养不可操之过急，应根据他们自身的特长、能力和意愿制订合适的发展目标与计划。切勿过度打击他们的积极性，注意培养他们自信热情的工作干劲。

二、精英团

1. 精英团的培养对象为企业的管理层及骨干员工。

2. 精英团的培养目的是为企业培养高质量的人才，并促进他们的不断完善进步，使他们成为企业的中流砥柱。

3. 精英团的培养要在注重提升他们专业技术水平和管理能力的同时，加强他们的榜样示范作用，给其他员工的发展带去积极的影响。

4. 培养精英团时更要加强对他们的管理监督与要求，一旦发现错误加大惩罚力度，不可助长其得意自大的作风，使他们能踏踏实实做好本职工作。

新兵班

培养对象：
入职新员工、
发展较慢的员工。

培养目的：
使他们成为企业发展
的坚实力量。

培养内容：
夯实基础、
提高职业技能、
解决问题。

注意：
培养不可操之过急，
培养他们自信热情的
工作干劲。

精英班

培养对象：
企业的管理层、
骨干人员。

培养目的：
为企业培养高质量的
人才，使他们成为企业
的中流砥柱。

培养内容：
提升专业技术水平、
管理能力，加强榜样
示范作用。

注意：
培养不可操之过急，
加强管理监督，严格
要求，不可助长其得
意自大的作风。

三、猛虎团

1. 猛虎团的培养对象为具有发展潜力充满热情活力的员工。

2. 猛虎团的培养目的是为企业长远的发展储备人才，使这一部分员工充分发挥自己的潜力，为企业贡献他们的力量。

3. 猛虎团成员的培养要把严格要求与积极鼓励相结合，最大限度地激发他们发挥自己的聪明才智，还要培养他们的忠诚度，使他们能为企业长期效力，成为企业的骨干力量。

4. 培养猛虎团时应采取恰当的方式促进其成长，给予一定的压力，让他们与企业共同进步发展。

四、Y 型培训

1. Y 型培训是一种交叉培训方式，即把一个部门的员工调到其他部门去工作，实现企业内部员工的轮岗与调动。

2. Y 型培训能使员工获得不同的职业技能，使员工拥有源源不断的工作热情与动力，促进员工能力的全面发展。

3. Y 型培训能使不同的部门发现自己的问题所在，不仅有利于部门间的沟通交流，还能促进部门间的协调合作。

猛虎团

培养对象：
具有发展潜力、充满热情活力的员工。

培养目的：
为企业的发展储备人才。

培养内容：
严格要求与积极鼓励相结合，激发他们的聪明才智，培养忠心度。

注意：
采取恰当的方式促进其成长。

Y型培训

培养对象：
企业内部员工。

培养目的：
促进员工的全面发展。

培养内容：
促进部门之间的协调合作。

注意：
因材施教。

NO4. 营造氛围——学习力

切实提高全体员工的学习力是充分发挥企业人力资源优势的基础。会学习的员工才能为企业发展贡献更多的力量，企业应为员工创造良好的学习氛围。学习力氛围营造有以下六大途径。

一、图书角

1. 在企业里建立一个图书角能营造好的学习氛围，图书角要保持对全体员工开放。

2. 图书角里可以摆放与本行业相关的专业书籍，也可以放名人传记、心灵励志的书籍等，行业杂志是图书角必不可少的，图书角里的书要做到种类齐全、丰富多样。

3. 图书角里不能只有枯燥严肃的书籍，可以适当摆放一些休闲娱乐的图书杂志，它们会使员工在疲惫时得到放松。

4. 图书角的规模与设置要符合企业的实际发展状况，书不在多而贵在精。

二、商务英语圈

1. 提高员工学习英语的热情，组建商务英语圈。
2. 开展英语口语交流活动，切实提高员工的英语应用能力。
3. 对员工进行商务英语方面的培训，提高员工的商务英语知识。
4. 鼓励员工在业余时间参加各种英语等级考试。

三、楼梯文化

1. 在楼梯墙壁处张贴各种宣传语，内容要积极向上、有趣。
2. 可以在不同的楼梯墙壁空白处划分不同的范围，由不同部门负责装饰。
3. 定期举办楼梯文化竞赛活动，比比哪个部门或哪个员工的创意最好。
4. 楼梯上可以悬挂意见本，供员工自己表达个人意见。

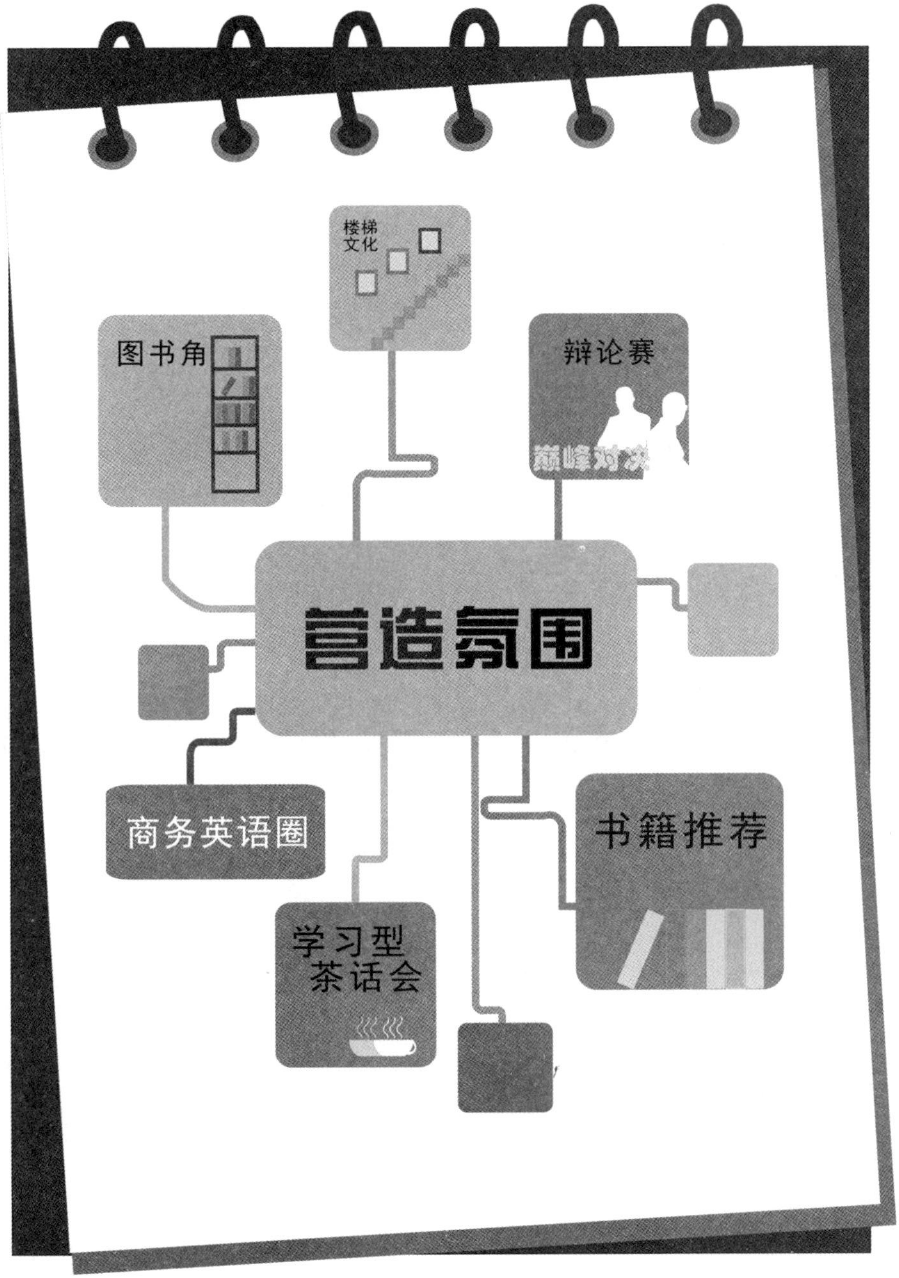
楼梯文化
图书角
辩论赛
巅峰对决
营造氛围
商务英语圈
书籍推荐
学习型茶话会

四、辩论赛

1. 辩论赛能充分调动员工的思维，是多种思想与智慧的碰撞与交锋。

2. 定期举行辩论赛，确定一个主题，可以是公司最近的发展计划，也可以是国家大事或社会热点等，主题要有趣并多元化。

3. 每次辩论赛由不同的员工参加，不能总是由管理层或一些德高望重的员工发言。

五、书籍推荐

1. 领导者定期向员工推荐优秀的书籍。

2. 鼓励员工看书并写读后感或举行读书报告，对于表现出色的员工予以奖励。

3. 鼓励支持员工推荐书籍，在企业营造人人爱读书的良好学习氛围。

六、学习型茶话会

1. 多举行学习型茶话会，大家一起讨论交流最近的学习心得或提出意见。

2. 不要把茶话会搞成严肃枯燥的会议形式，而要努力营造轻松自主的氛围，为员工提供自由的交流平台。

3. 学习型茶话会要注意把握好轻松与严肃、限制与自由的度，不可变成海侃八卦的闲聊会，注意其学习进步性。

NO5. 合二为一——出版自媒体

自媒体是指普通市民或机构能通过多种数字科技与全球知识体系相联系，随时随地发表他们所想所感和自身新闻的一种途径和即时传播方式。企业自媒体则可以作为全体员工发表自己所思所感、所经历事件的载体，企业出版自媒体可为企业的团队建设搭建新的平台。

一、出版特刊和报纸

1. 企业可以根据自身发展情况定期出版企业特刊和报纸，把它们作为宣传企业文化和精神内涵的重要载体，如把员工提出的经典的、普遍的问题和建议分门别类，以一季度为单位，出版《答疑解惑宝典》季刊。

2. 特刊、报纸要面向全体员工，成为所有员工发表意见、抒发感情、讲述经历的平台。

3. 企业出版的每期特刊和报纸内容都要经过精心筛选，以给员工正面积极向上的影响。

二、利用多种网络社交平台

1. 企业自媒体的构建可充分利用多种网络媒体与社交平台，如微电影、微博、微信、QQ 工作群等。

2. 在多元化的企业自媒体平台上，鼓励员工积极踊跃发表自己的意见，给员工塑造一个轻松活跃的自媒体环境。

3. 注意在自媒体网络平台上的正面引导，避免负面消息和消极思想的传播。

企业自媒体的方式与途径
出版特刊与报纸
利用网络社交平台

NO6. 自主集成——企业大学

在企业内部组建企业大学，不仅有利于提高员工的整体素质，为员工的发展提供良好途径，还能促进整个企业的蓬勃发展，为企业的人力资源建设做出巨大贡献。

一、企业大学的师资力量

1. 师资力量是辨别大学好坏的关键。企业大学的师资构成可以有多种方式，企业里的精英、骨干员工或是比较有影响的员工都可以成为企业大学的教师，为其他员工授业解惑。

2. 不定期从外界引入人才给员工讲课，或是行业佼佼者，或是权威专家，或是高校教师等，使员工不断汲取优秀的能量。

3. 企业大学也是员工的大学，企业的普通员工只要在某一方面有所长都可以成为教师，为其他员工授课，这样不仅能调动员工积极性和自信心，还能提高员工的工作热情。

二、企业大学的课程构成

1. 企业大学课程的构成讲究多样化，不仅有专业的知识技能提升课程，还要有相关知识延伸课程及生活才艺课程等。

2. 企业大学要面向全体员工，给员工提供一个良好的业余生活平台，充实员工业余生活的同时提高他们各方面的素质。

3. 企业大学的课程设置要充分听取员工意见，多设置一些新鲜有趣，能紧跟社会、市场发展趋势的课程。

三、企业大学的设置原则

1. 企业大学的设置以自主集成为原则，员工是企业大学的主体部分，因此其设置要以员工意愿为导向，充分发挥员工的独立自主性。

2. 企业大学的组建只是为员工的自我发展提供了一种新的选择，因此要以自愿性为原则，不强迫员工必须参加企业大学的学习，不干扰员工业余生活的自由。

3. 企业大学的组建要讲究实事求是原则，根据企业自身的发展状况和员工状况组建大学，不可好大喜功，徒有其表。在组建企业大学时要节省相关人力、物力、财力。

重点微提醒

低成本招募能使企业在节约成本的基础上获得合适的人才。

企业培训是对员工的一种智力投资，能为企业创造更高的效益。

因人而异的区别培养更能促进员工的发展。

创造学习型氛围是建立学习型企业的充分条件。

出版自媒体可为企业的团队建设搭建新的平台。

企业大学的设立，能为员工不断补充“电力”。

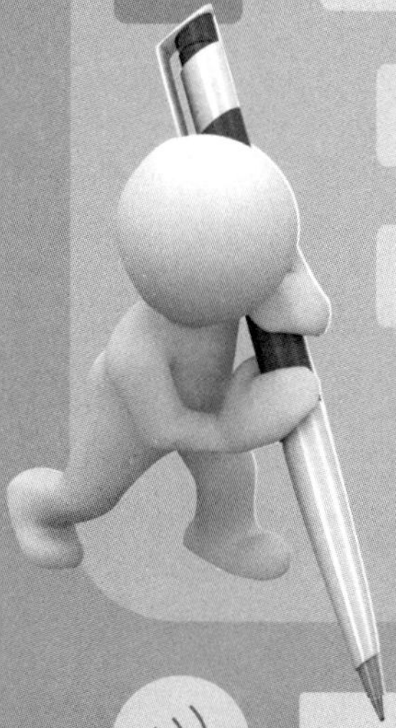

第2节　吸引、留住人才的三要素

【案例引入】

乔布斯在吸引并留住人才方面很有一套。一次，他想邀请优秀的程序设计员布鲁斯·霍恩加入苹果公司，但布鲁斯当时刚刚接受另一家公司的聘请，所以他婉转拒绝了乔布斯的邀请，但乔布斯还是坚持让他第二天来趟公司。在随后的两天，乔布斯组织公司优秀的软件工程师为布鲁斯做了设计绘图及营销计划等全方位的展示。在看完这些展示后，布鲁斯被深深地震撼到了，他觉得自己的未来能在苹果公司大放异彩。在乔布斯充满诚意的盛情邀请下，布鲁斯回绝了上一家公司，决定加入苹果公司。

乔布斯通过向布鲁斯展示公司的优势及发展前景等，为布鲁斯绘制了一幅辉煌的未来发展图，使布鲁斯产生了共鸣。乔布斯的真诚及热情为苹果公司赢得了一个人才。人才是企业发展的强大动力，因此企业要尊重、重用人才，充分发挥企业的优势，吸引、留住人才。企业和行业的发展状况、企业完善的机制系统及企业文化和管理者的个人魅力是吸引、留住人才的三大重要因素。

人才是企业发展的强大动力，因此企业要尊重、重用人才，充分发挥人才资源的优势，吸引、留住人才。

NO1. 企业和行业的发展状况

只有当企业和行业具有良好的发展前景时，才能吸引、留住人才。企业在进行商业模式设计时，要充分考虑行业的发展潜力，在良好的行业发展态势下，促进企业的成长与发展，只有当企业和行业的发展符合员工的期望时，才能使优秀的人才为企业的长期发展贡献自己的力量。

一、企业发展与人才资源

1. 企业良好的发展状态是吸引、留住人才的关键，“良禽择木而栖”，企业强大了，自会吸引大批人才。

2. 企业在注重自身发展的同时，还要给员工提供合理的薪酬福利、职位待遇，升职加薪是留住人才必不可少的途径。

3. 企业在为员工提供良好的物质条件时，还要注重情感沟通，使员工对公司产生强烈的归属感，塑造人才的主人翁意识。

4. 企业在发展过程中，应主动为人才提供适宜的发展机会，让员工有机会大展拳脚，充分发挥他们的聪明才智，让他们深刻地体会到自己的价值所在。

5. 企业应为不同的人才提供不同的发展计划，根据人才的不同情况提供最适合他们发展的途径与方法，使人才与企业共同发展。

二、行业发展与人才资源

1. 人才资源支撑行业的发展；反之，行业巨大的发展潜力也会吸引大量人才投身其中。

2. 企业在制定发展策略时，要充分考虑市场与行业的发展状态，充满光明的行业发展前景才能给员工带来足够的安全感，才能留得住人才。

3. 只有行业改革发展稳定了，才能切实保障身处其中的人才的利益。

4. 行业的发展要落实科学发展观，在行业发展的趋势中，弘扬人才的求真务实、开拓创新的精神，实现人才与行业共同发展。

5. 在与行业发展的趋势相符合的基础上，给人才创造合适的发展机会。

求职简历
简历
发展空间大
求职
福利待遇好
行业前景好

NO2. 企业完善的机制系统

完善的机制系统为企业和员工的发展提供了坚实的保障。企业管理应按机制行事，领导者要以身作则以树立权威形象，以此吸引、留住人才。充分发挥机制系统的科学性与合理性，才能为员工创设一个温暖良好的工作环境和发展氛围。

1. 企业的机制系统是企业管理的一部分，因此要充分体现人性化的特点，把严格性与灵活性相结合，为人才的发展提供良好的机制系统。

2. 良好的机制系统会为企业加分不少，能从侧面反映企业的先进性与发展潜力，从而吸引人才。

3. 企业为了吸引和留住人才，应完善人才引进机制，切实保障高质量人才的待遇及发展空间。

4. 用机制管理企业，领导者按机制行事时，应学会换位思考，充分保障人才的利益，及时落实机制考核与奖惩政策。建立规范化的企业，能为企业吸引和留住人才。

5. 机制系统是针对所有人的，领导者用机制管理企业时首先要以身作则，用自己的言行给员工树立良好的榜样。只有领导者起到榜样示范作用，才能让优秀的人才信服并踏实跟随其脚步。

企业管理应按机制行事，
领导者要以身作则以树立权威形象，
以此吸引并留住人才。

NO3. 企业文化和领导者的个人魅力

企业文化是企业核心竞争力的重要组成部分，领导者的个人魅力能给员工带来深刻广泛的影响。企业文化与领导者的魅力都是提升员工凝聚力的关键，因此，它们两者也是吸引和留住人才的重要因素。

一、企业文化与人才资源

1. 富有创造性和活力的企业文化，能增强员工的企业认同感，能凝聚人心，从而促进企业里优秀人才的团结协作。

2. 企业文化是除福利、制度保障外，吸引、留住人才的软件设施，对优秀人才有导向激励的作用。

3. 企业文化容易吸引具有相同理念的人才，优秀人才的价值观应与企业文化所反映的价值观趋同，这样才能保证员工与企业的共同发展。

4. 优秀的企业文化需要企业人才的不断完善，企业文化能约束员工在日常工作中的行为，为人才的发展提供行为规范，这样才能让人才在企业里健康稳定地发展，使人才体验到自己的价值所在。

5. 企业文化建设需要以人为本，并将这一观念贯彻到人力资源管理的始终。积极向上的企业文化能提升优秀人才的使命感，使优秀人才在事业生涯中有更大的收获。

二、领导者个人魅力与人才资源

1. 领导者个人魅力是领导力的一部分，决定了领导者在企业员工中的威信与影响力。领导者拥有较高的人格魅力时，自然能吸引一些人才。

2. 企业领导者的优秀品质和为人处事能力能让员工发自内心地敬佩，能为企业营造良好的情感氛围，给员工带来亲切舒适的工作体验，从而能留住人才。

3. 正面积极向上的领导者就是一个正能量场，其所散发的正向影响力吸引具有同样正能量的人才，巩固了企业的大能量场。

企业文化和管理者的魅力，
都是吸引和留住人才的重要因素。

4. 平和的心态、宽广的胸怀和眼界是领导者个人魅力的体现，不仅有利于企业的长远健康发展，还能给员工提供精神上的支柱，提高优秀员工对企业的信心，使他们认为自己未来的发展前景是有保障的，愿意长期留在企业。

5. 领导者要充分运用个人魅力吸引人才，与优秀员工和谐共处，实现双方的共同进步与发展。

重点微提醒

良好的企业和行业发展前景是吸引人才的前提。

完善的机制系统能为企业和员工的发展提供坚实的保障。

优秀的企业文化与领导者良好的个人魅力是留住人才的重要条件。

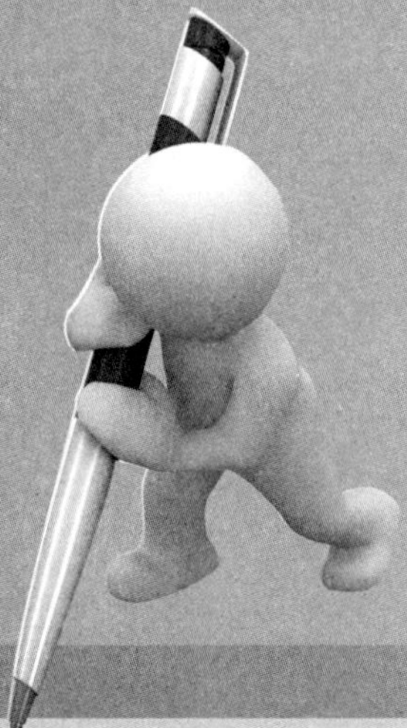

第3节 从个体到团队的正能量修炼

【案例引入】

2007年凡客诚品网店正式上线，他们的目标是为中国及泛亚洲市场提供时尚但又价钱适中的设计品牌服饰。目前，凡客已经成为亚洲最大的网上零售商之一。凡客取得如此巨大的成功，与凡客内部提倡的“正能量”文化是分不开的。凡客曾经在北京举办了“正能量青年节”，宣传自己的正能量文化，并在网上召集正能量的T-shirt创意。这些正能量很大地影响了当下的青年，使青年群体都非常乐意买凡客T恤，这也使凡客获得了巨大的利益。

凡客公司提倡全员正能量，建立了强大的正能量场，并且提出了“正能量”的消费理念，赢得了年轻消费者的青睐，提高了企业的产品销量。加强团队建设，完善团队系统，需要加强从个体到团队的正能量修炼，从而在整个企业形成一种充满正能量的团队氛围。

VANCL
正能量
青年节

NO1. 个体正能量九项修炼

一般而言，正能量指的是能激发心灵的能量，是一切予人以希望，促使人不断追求进步，让生活变得更美好幸福的动力、感情、行为、态度。负能量与正能量相反，是一种阻碍事物向好的方向发展的负向力量，如抱怨、妒忌、攀比、懒惰、多疑等。正能量能使人始终保持着充满活力的激情状态，在这种状态下，人的潜能和聪明才智更容易得到最大限度的发挥。正能量还能维持人身心状态的平衡，为人生带来好运气。个体正能量的修炼需激活个人正能量体，实现目标、心态、学习、时间、行动、客户、健康、人脉、感恩这九个方面的正能量修炼。

一、目标正能量修炼

目标指引成功的方向，修炼目标正能量时，要根据事实情况设定合适的目标，不宜过大或过小，应在自己可控制范围内。目标不仅仅是写在纸上的计划，更应该把它刻在心里。制定目标时，可以应用多杈树方法、剥洋葱方法、OGSM计划等目标分解方法，把大目标分解为若干小目标。在目标实施过程中，应注意及时修正与调整，使它更符合实际情况。

二、心态正能量修炼

拥有良好的心态就等于成功了一半。修炼心态正能量，要有一颗善良的心，时刻保持着活力。面对困难时不泄气不气馁，勇往直前。修炼宽广的胸怀，得失不计、荣辱不惊，不受周围环境和周围人群的影响，从容面对人生的喜乐哀愁。

三、学习正能量修炼

每天学习一点点，一段时间下来你会发现自己有了不小的进步。如果想在这个发展迅速的社会立足并成功，你就要比别人多努力，只有不断学习积累，才能不被社会淘汰。坚持良好的学习习惯，向成功人士学习借鉴，并把学习到的知识归纳总结以指导实践，把它们真正应用到实际生活中。

四、时间正能量修炼

合理利用时间，把自己的生活安排得井井有条，这是成功人士应具备的良好习惯。修炼时间正能量，需清晰地知道自己应该做什么，分清事情的轻重缓急，对时间的利用有清晰的规划。提高时间的利用效率，做事不拖延，不把时间浪费在无用的事上。

五、行动正能量修炼

行动铸就成功，再远大美好的梦想不付诸行动只能变成纸上谈兵。修炼行动正能量，要踏踏实实做事，养成良好的行为习惯，采取最恰当的方法去达成目标。此外，要敢于为自己的行为负责，不断从行为过程中反思总结，为以后的行动提供借鉴。

六、客户正能量修炼

客户是企业盈利的源泉，因此要真诚地去服务、对待客户，维护客户的利益。结合企业特点，选择最恰当的客户群，善待尊重客户，给客户带去超值体验。此外，要像尊重客户一样去对待员工，为员工营造轻松融洽的工作氛围。员工的工作热情高涨，自然会带给客户良好的服务。

七、健康正能量修炼

修炼健康正能量，不仅要保持身心状态的平衡，还应具有良好的环境适应性，实现内外与天地的平衡。在日常生活时，要养成良好的生活习惯和心态，多学习养生的方法，适当锻炼。同时，还应提高人际交往技巧，增强环境适应性。

八、人脉正能量修炼

人脉资源是你终身受用的财富。修炼人脉正能量，应精心选择朋友，与优秀的人为伍。在人际交往中，要以真诚为基石，主动与他人交往，拓展人脉圈。此外，要提升沟通技巧，真心帮助朋友，一点点编织扩大你的人脉圈。

九、感恩正能量修炼

常怀感恩之心，你会收获一个更美好的世界。勇于并善于表达你的感恩之情，你的小小举动便会给别人带来温暖。对周围的人以及帮助过你的人表示感谢之情，他们或许帮助过你，或许伤害过你，但请感谢你遇到的这些人，他们让你成长变强。感恩一切美好与不如意，因为是它们让你的生活更多姿多彩。

NO2. 团队正能量九项修炼

修炼团队正能量场能提升团队的凝聚力，使企业人力资源的优势得到最大限度发挥。打造正能量场，要从正能量目标场、视觉场、行为场、机制场、荣誉场、传播场、文体场、团建场这九方面入手。

一、正能量目标场修炼

企业作为一个大的团队，要有明确的目标。确定了方向后，才能集中全员的力量完成共同的目标。修炼正能量目标场，要有具体的可达成的量化目标。企业大目标的制定，应是全面性的、能促进企业全面发展的。

二、正能量视觉场修炼

正能量视觉场的修炼，应给员工营造良好的工作环境。美化办公环境，充分利用办公场所宣扬积极向上的企业文化。在正能量视觉场的创设中，可以在墙面张贴标语、图画、照片、梦想宣言等营造墙面文化，给员工带来视觉冲击力。

三、正能量行为场修炼

在团体中提倡积极的行为模式，不说消极话、不传播消极言论。鼓励员工对自己的现阶段目标做出公众承诺，实行“三每三对照”，每天对自己的行为进行反思总结。

四、正能量机制场修炼

正能量机制场的修炼需要建立起正向的工作机制，实现各类年、季、月、日促进机制。企业领导者在日常工作时，要严格按照机制办事，与员工共同组建充满正能量的机制场。

五、正能量荣誉场修炼

凝聚团队的力量要提高团体内每个成员的荣誉感。团体成员间应相互信任、相互鼓励：管理者尊重爱护员工，员工拥护领导，从而形成一个融洽和谐的整体，提高每个员工的集体归属感。只有这样才有利于正能量荣誉场的修炼。

六、正能量传播场修炼

激发团体内的活性正能量，形成正能量传播场。一个具有正能量的人，能给其周围环境带去积极影响。因此，要提升每个员工的正能量，使整个企业形成一个正能量传播场。

七、正能量训练场修炼

修炼正能量训练场，需要领导者担任好教练的角色。既要当好司令，实现领导管控的作用，又要当好管家，做好疏导工作。在日常工作中，也要加强对员工的训练，切实提高他们的工作能力。

八、正能量文体场修炼

营造良好的团队氛围，要加强文体场的修炼。出版企业内的杂志刊物，运用多样化的网络媒体渠道，为员工提供自由平等的交流平台。

九、正能量团建场修炼

多组织团队活动，开展娱乐活动、亲子活动等能提高员工积极性和动力的活动，修炼正能量团建场，加强团队成员之间的互助合作关系，以形成强大的团体正能量场。

修炼团队正能量场能提升团队的凝聚力，从而使人力资源的优势得到最大发挥。

重点微提醒

修炼个体正能量是完善自我的重要途径。

提升团队凝聚力需建设团队正能量场。

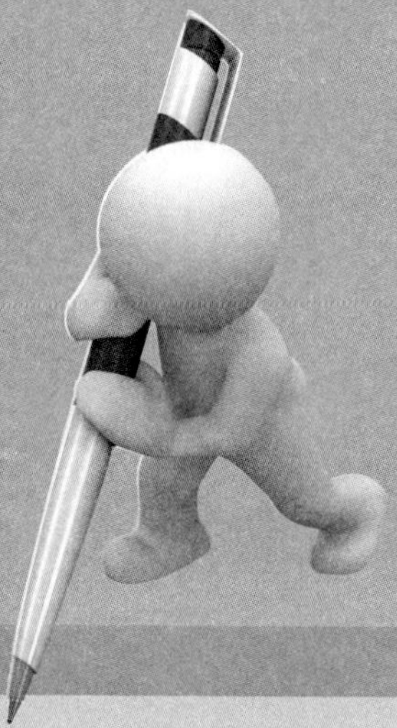

第四章 机制系统

1. 机制思维：遇问题，定机制；无机制，不管理

2. 如何让全员生发机制

3. 如何制定适合企业的机制系统

第1节 机制思维：遇问题，定机制；无机制，不管理

【案例引入】

广东一家水泥公司的老板张总最近很苦恼，因为他的员工士气普遍不高，他们私底下对他有很多意见。原来，企业的机制已过度老化，没有得到及时的完善，已不再适合企业的实际发展情况。张总对每个员工都是发放一样的工资，没有体现出差异性，很多骨干员工都觉得不公平。这种做法不仅降低了他们的工作积极性，还导致了一些人才的流失。后来，张总找到了问题的根源所在。他重新制定了一份赏罚机制，实行按劳分配，把每个员工的工资与其工作进展和工作成果挂钩。改革后的薪资制度极大鼓舞了员工的工作热情，也吸引来了更多的人才，逐渐使企业走上了发展的正轨。

张总根据企业的发展情况调整了薪酬制度，促进了机制的完善，从而使企业步入良性的发展轨道。机制是企业发展的重要依据，合适的企业机制会给企业带来无穷的正能量。正能量机制是企业前进的无穷动力，而不定机制、不按机制办事会给企业的正常运行带来很多障碍，不利于企业的长期发展。

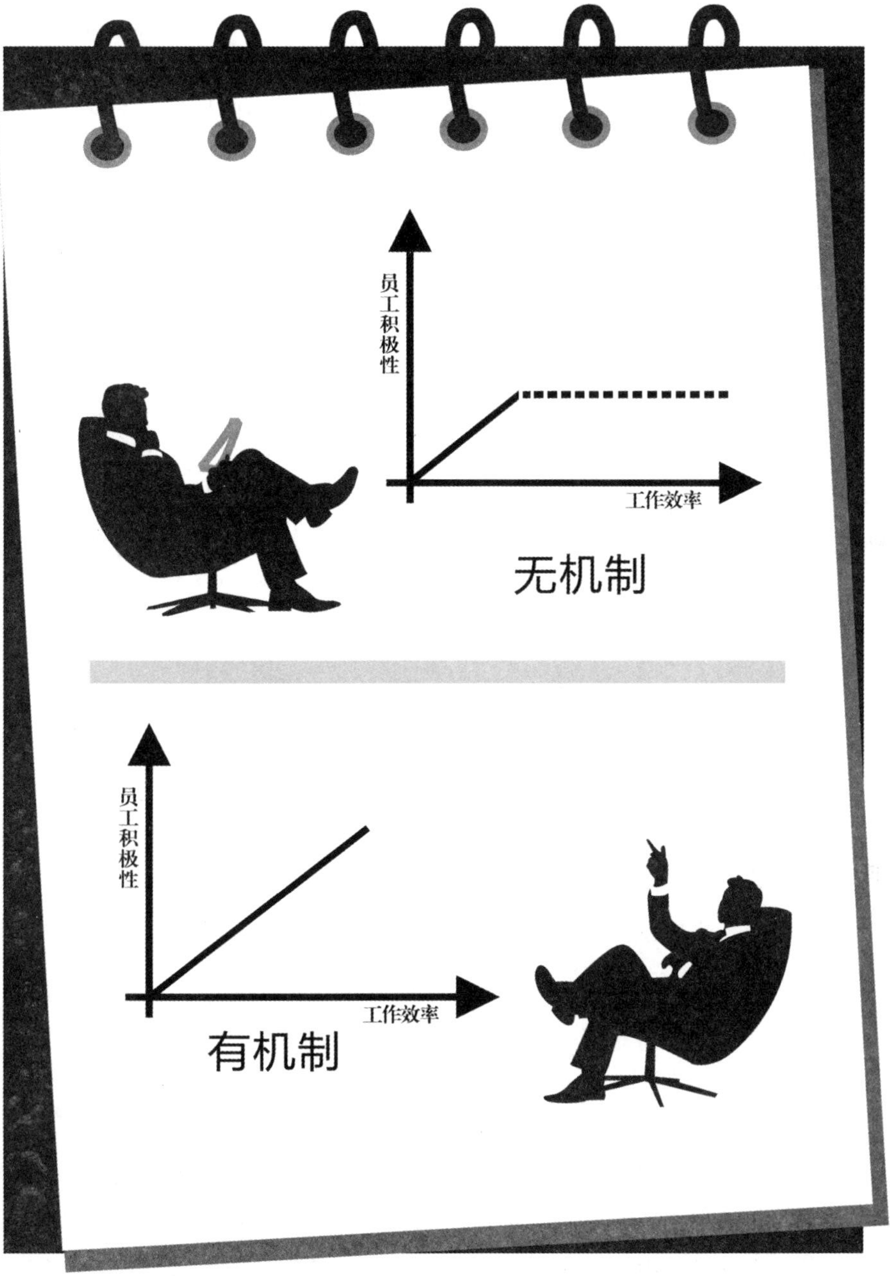
员工积极性
工作效率
无机制
员工积极性
工作效率
有机制

NO1. 什么是机制

机制就是在特定时期，一个组织为了达到某种目的而出台的相关规定、办法、措施等。企业的健康正常运行，需要靠机制来保障。但企业的发展也不能完全依靠刻板的机制，机制不是万能的，企业的运行还是要根据客观情况，选择最合适的发展道路。机制具有如下特点：科学性、普遍性、系统性与长效性。

一、科学性

企业机制的制定要遵循企业文化，符合企业文化的价值观。企业文化是机制的指导，机制的核心必定是与企业文化密切相连的。此外，重大机制的制定一定是集体智慧的结晶，只有管理层与普通员工共同协商共同讨论，站在对方的角度考虑问题，集思广益，这样制定出的机制才更科学合理，符合更多人的利益。

二、普遍性

一旦确定了机制，就要在全体员工中落实。企业机制的对象具有普遍性，它不是面向一类人或一部分人，而是面向企业中的所有人员。企业机制不仅是针对普通员工，骨干精英及管理层更要严格遵守机制。企业的严格有序管理要依靠机制的运行来保障。机制的落实要无差别、无疏漏，不搞特殊化。领导者更要以身作则，严格按机制办事，以自己的言行给全体员工树立良好的行为榜样，保证机制的权威性。

三、系统性

企业机制是一个严密有条理的系统。机制是企业所有规章制度、规划措施等总体的提纲挈领，因此它的制定要就简避繁。机制应是清晰明确的，不能模棱两可、繁杂无序，不可机制里再套机制，企业机制应包含考核制度、奖惩制度等具有评估效果的内容。机制只有涉及惩罚措施，才更有威慑力，但惩罚不可只依靠扣奖金、罚钱等物质惩罚。惩罚应以教育警告为主，不能完全物质化。

四、长效性

企业机制为企业的长期发展提供指导与依据，企业依其机制运行发展，形成自己独特的发展之路。制度一旦开始实施，就要坚持落实，不能朝令夕改，这样不仅不能发挥机制的效用，还会使企业在发展道路上来回打转，徘徊不前，浪费企业大量的精力。但机制也不是绝对刻板不变的，机制的长效性是建立在以人为本的基础上的。可根据市场、企业等实际情况或突发状况进行灵活变动，做好及时变动机制的配套工作。

NO2. 正能量机制给组织带来的好处

正能量机制是符合企业发展利益，能给员工带去正面影响力的企业机制。它不仅能提升企业管理水平，改良企业文化，还能激发员工的正向思维，培养员工积极向上的情感，促进整个企业成为一个有凝聚力的团体。

一、提升管理文化

正能量机制是科学合理的企业机制，能促进企业健康有序运行。依据机制管理企业，不仅能提高企业管理水平，还能改善企业的管理文化。正能量机制是以人为本的，它更提倡人性化管理。正能量机制以对员工的鼓励引导为主，能使员工提高自身的荣誉感和自豪感，以自己的工作岗位为荣，以作为公司的一员为荣，促进管理工作以“荣”文化为中心进行，从而提升企业的管理文化。

二、激发正向思维

在正能量机制的影响下，企业会形成一种轻松融洽的工作氛围，这不仅能提高员工的工作热情和积极性，还会促进员工正能量的提升。按正能量机制行事，提高工作效率的同时，还会促进员工思维方式的转变，形成良好的有条理的办事方法。

三、促进情感升华

领导者依据正能量机制管理企业，严中有慈，恩威并重，真诚平等地对待员工，才能使员工在良好的工作氛围中产生对自身以及对企业的认同感。正能量的作用是相互的，当员工感到自己被关心被重视，就会油然生出感恩之情，反过来又对企业产生深厚的感情。正能量机制的贯彻实施，能促进员工感情的升华，更容易激发全员感恩、爱的情感。

四、凝聚团队力量

正能量机制会促进团队意识的形成，使企业变成一个协作、互助、共利的整体。正能量机制的运行，需要企业全体成员间的互重互敬、彼此宽容信任，才能保障企业健康良好地发展。正能量机制能聚合团体的力量，在企业中形成良好的合作氛围。

NO3. 不定机制的四大害处

机制是企业一段时期内运行的重要依据。盲目发展、不定机制会给企业带来不少问题。企业在管理时应注意以下原则：遇问题，定机制；无机制，不管理。无论遇到任何事，无论做什么事情，都要先定机制，没有机制不办事。在企业的管理中也要先定机制，没有机制同样不管理。不定机制会造成企业的管控失效、政策失灵、降低员工责任心，同时还会给企业制造不少负能量。

一、管控失效

1. 机制是对企业全局发展的统筹，不定机制，企业日常的正常运营便无章可循。

2. 机制包含了企业的发展步骤及发展原则，是企业发展的具体指导，没有了机制的企业就相当于盲人探路，很容易走弯路。

3. 没有机制的企业形同一盘散沙，没有严格的机制就没有了规范企业人、事、物发展的重要依据，企业便会出现管控失效的局面。

二、政策失灵

1. 稳定完善的机制是企业发展的重要依据，能带领企业往正确的道路上行进。

2. 企业没有一套固定的机制，容易导致相关规章制度的朝令夕改，不仅不能维护机制的权威性，还会干扰企业正常的发展进度。

3. 机制的不稳定不利于一系列政策措施的长期实施，从而不能发挥其重要作用。只有长期坚持一套机制系统，才能为企业节省大量精力，促进企业的自我完善。

三、降低责任心

1. 不定机制，员工的职责范围就不容易明确，会造成不同部门、不同员工之间的推诿扯皮。

2. 奖惩制度不明确，会大大降低员工的工作积极性，员工工作干劲的降低

不定机制的四大害处
管控失效
政策失灵
降低责任心
制造负能量

不利于充分发挥他们的聪明才智。

3. 一旦出了问题，员工之间会互相踢皮球扯皮，不利于问题的解决。长此以往，员工碰到问题时不是想着怎么解决，而是想着如何逃避责任，不定机制将会阻碍员工责任感的形成。

四、制造负能量

1. 无机制会给管理工作带来混乱，使得企业发展的目标和具体步骤毫无头绪，整个企业容易形成松散混乱的工作氛围。

2. 领导者不按机制办事会降低在员工中的威信，不利于积极向上的企业文化发扬，容易在企业中滋生不良的价值观。

3. 不按机制办事不利于企业“荣”文化的贯彻实施，妨碍员工对企业的荣誉感及自豪感的生成，会给整个企业带来负能量。

重点微提醒

机制能保障企业的健康运行。

正能量机制能给员工带去正面影响并且符合企业发展利益。

不定机制会使企业步入盲目发展的歧途。

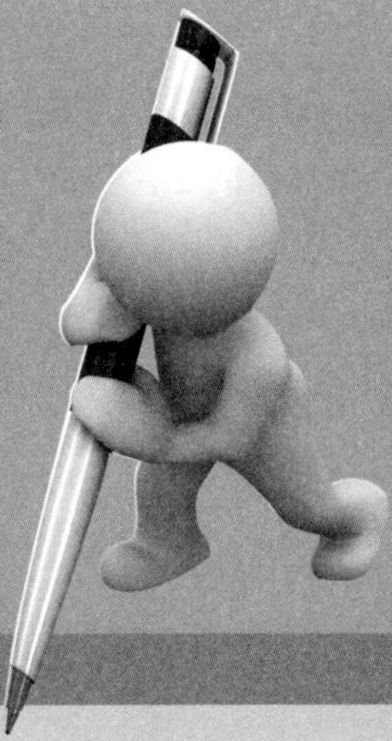

第 2 节　如何让全员生发机制

【案例引入】

某公司刘总在开会时鼓励员工们对公司的机制提出好的建议，员工们也很乐于提出自己的意见。员工们制定了许多有趣的小规定，比如：留下加班的员工必须把公司的所有灯、窗都关好，否则就请大家吃饭；对于每个月完成销售业务量最多的员工，公司给予荣誉称号；等等。在这种全员生发机制的企业氛围影响下，员工们的工作积极性很高，公司也一直发展比较顺利。

全员机制的生发会推动企业管理工作的有序化进行，刘总公司内部形成了全员生发机制的良好氛围，从而推动了公司的发展。在企业内部，让全员生发机制需要制定一套生发机制的机制，提供适合全员生发机制的土壤和环境，形成遇到任何事情先拿机制的办事规范，不能错误定位机制。只有做到这些，才能在企业中充分发挥机制的作用，实现企业的健康发展。

制定一套生发机制的机制

提供适合全员生发机制的土壤和环境

遇到任何事情先拿机制出来

不能错位定机制

NO1. 制定一套生发机制的机制

机制是企业运行的命脉，制定一套生发机制的机制，不仅能调动全体成员的积极性，使他们能自发地为企业提出各种改善机制，还能保障机制的正常运行，为企业的发展提供充分的动力。能生发机制的机制必须具备以下条件：

一、具有灵活性

能生发机制的机制必须具有可调整的余地，这样才能根据实际情况灵活调整机制，使机制更适合企业的发展。在机制最初制定时，不能过于刻板僵硬。只有原机制具有活力，才能激励员工根据实际的特定问题，创造出新的机制，为问题的解决提供新的途径。

二、调动积极性

在企业机制活动中，人是最活跃最积极的因素，因此合理科学的机制系统必定也是人性化的、能调动全员积极性并增强集体凝聚力的机制。当一套机制能调动全员参与的热情，它才会产生全员生发的效果。当问题出现时，员工之间、各部门之间不是推诿责任，而是积极提出问题解决方案，这样才更容易生发新的机制，促进企业的健康发展。

三、共同讨论制定

新机制的生发不是由某一个人拍板决定的，它蕴含于集体智慧之中。能生发新机制的机制必定也是符合多数人想法的，具有可行性。当企业在日常运行过程中出现不顺的状况时，各部门应采取积极的态度解决问题，而不应一味抱怨，推卸责任。企业管理层要组织相关部门和人员研究当前状况，生发制定新的机制。机制的生发，应是集体讨论思考的结果，并最终按少数服从多数的原则制定起草。

能生发机制的机制应具有的特点

具有灵活性

调动积极性

共同讨论制定

NO2. 提供适合全员生发机制的土壤和环境

让全员生发机制，是企业充满活力的关键所在。但全员生发机制不是简单的一蹴而就的过程，它需要有适合其发展的土壤与环境，包括全员的良好互动、开明人性化的管理、完善的奖励制度。

一、全员的良好互动

全员机制的生发，必定有一个轻松融洽的企业氛围。良好的企业氛围，能提高员工的工作热情和工作干劲，增强对企业的依附感。员工之间能形成互帮互助的默契合作关系，而不是暗自较劲互相拆台。轻松融洽的工作氛围有利于全员的良好互动，在互动过程中，集体的力量更容易发挥出其智慧性，因此，全员机制的生发会在不知不觉中形成。

二、开明人性化的管理

开明科学的管理为全员生发机制提供生存发展的肥沃土壤。管理者的管理方式、管理风格等会给企业的发展带来极大的影响。管理过于苛刻死板，会给员工的日常工作带来沉重的压力，整个企业会失去活力，变得死气沉沉。而开明的、人性化的管理不仅会创造轻松的工作氛围，建立平等的企业内部关系，还能刺激员工的创造力，使他们为企业的发展提出更好的建议，从而促进全员生发机制的形成。

三、完善的奖励制度

完善的奖励制度能提高全员生发机制的意识，巩固全员生发机制的成果。当企业出现问题时，应鼓励员工或部门从自身寻找原因，积极提出问题解决的方法和途径，从而生发新的机制。对提出有效的解决方法、有利于推动事情解决的员工或部门给予一定的公开奖励，并在整个企业宣传学习。适当的奖励不仅能激励员工积极寻求解决问题的方案，增强员工的责任心，还能加强各部门之间的协作，使全员生发机制的意识深入人心，为全员生发机制提供良好的大环境。

NO3. 遇到任何事情，让大家先拿机制出来

企业在发展过程中遇到任何问题，第一步应是提倡全员生发机制思维，让大家先拿机制出来，而不是查明追究相关部门和员工的责任，进行惩罚。遇事先拿机制是一种积极地寻求解决问题的态度，有利于企业进入良性的发展轨道。遇事先拿机制应注意以下几点：

一、建立勇于承担责任的积极的企业文化

企业文化是企业发展的灵魂，是全体员工的精神源泉，能为企业的发展提供源源不断的动力。勇于承担责任的精神内涵不仅能促进全员生发机制意识的形成，还会使员工在遇到问题时首先想的不是如何推脱辩解，而是怎样去解决问题。积极的企业文化能塑造具有良好心态的员工，树立遇事先拿机制的全员意识。

二、把遇事先拿机制作为企业的工作流程

除了树立遇事先拿机制的意识外，还应把遇事先拿机制作为一项日常工作流程写进公司的规章制度里，作为员工的工作规范。只有把它作为一种行为规范，才能巩固员工积极解决问题的意识，当员工遇到问题时，便会自觉地寻求解决方案，有利于企业形成遇事先拿机制的行为作风。

三、加强落实与监督工作

树立积极解决问题的心态，形成遇事先拿机制的行为规范不是短期内就能实现的，必须加强其监督工作，让全员生发机制真正落实。遇事先拿机制的原则不仅需要有一个宽松包容的外在环境，还应加强管理监督，对于遇到问题不是想办法解决而是推卸责任的员工或部门予以惩罚，以起到警示的作用。良好的监督能促进遇事先拿机制的原则逐渐成为企业的行为准则。

建立勇于承担责任的积极的企业文化
把遇事先拿机制作为企业的工作流程
加强落实与监督工作
按机制办事

NO4. 不能错位来定机制

准确定位机制是全员生发机制的前提条件，机制一旦制定错误不仅会给企业的管理造成混乱，还影响企业的长远发展。

一、错位定机制会给企业的发展带来障碍

机制是企业一段时期内的总体指导与规划，一旦机制出现偏差，就会使企业的运行出现问题，影响工作效率，在浪费大量人力物力的同时，还会打击员工的工作积极性，不利于企业凝聚力的形成。

二、规范化的机制制定能避免机制的错位

机制的制定、发布、实施是一个系统的过程，需要规范化来保证，这样才能保障其有效运行。机制制定前，要有对企业的内外部环境有客观而科学的认识，这是准确定位机制的前提。制定机制时，不能实行个人独裁、依据主观意志制定，而是要选择一定的范围共同商讨，这样制定出来的机制才能更合理。

三、正确的机制定位是符合企业内部的多方利益的

一套机制，如果只符合企业和领导者的利益，那它必然是失败的。正确的机制定位不仅要为企业带来利润，还要切实维护员工的利益，提高员工的工作热情。过于侧重某一方利益的机制是错误的，不利于企业内部的团结，还会影响企业的正常运行，造成企业的发展滞后。

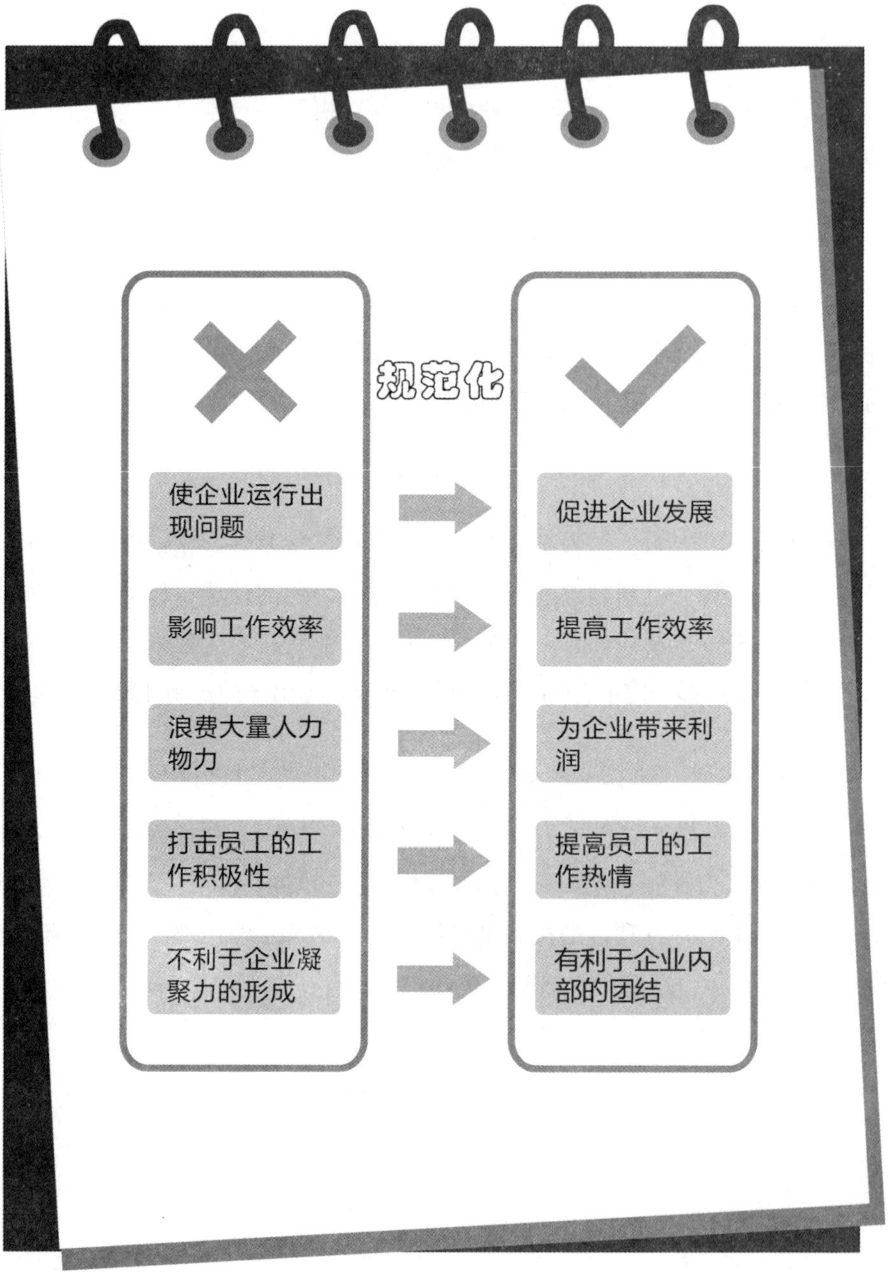
规范化
使企业运行出现问题
促进企业发展
影响工作效率
提高工作效率
浪费大量人力物力
为企业带来利润
打击员工的工作积极性
提高员工的工作热情
不利于企业凝聚力的形成
有利于企业内部的团结

重点微提醒

制定能生发机制的机制是推动全员生发机制的保障。

全员生发机制需要有适合其发展的土壤与环境。

遇事先拿机制是一种积极的态度，有利于问题的解决。

错误的机制影响企业的长远发展。

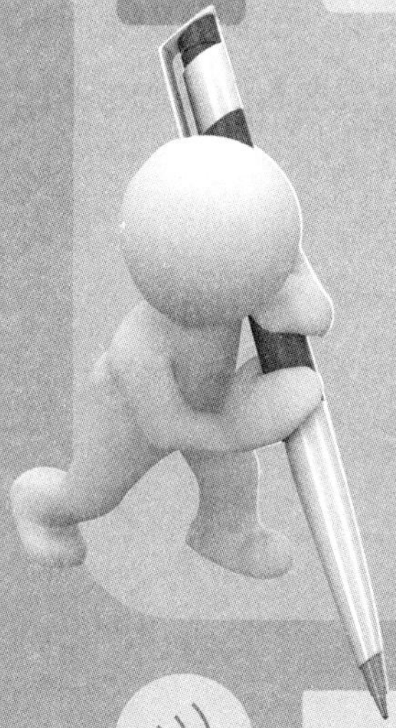

第 3 节　如何制定适合企业的机制系统

【案例引入】

海尔公司的各种管理机制是根据实际情况而不断变化的。但是，无论怎样改变，海尔的管理机制都没有背离海尔的价值取向。海尔之前一直坚持的是产品的质量，之后，在保证质量的基础上加强了创新。海尔还为了激励员工提出了“人人是人才，赛马不相马；你能够翻多大跟头，给你搭建多大舞台”的用人理念。这极大地激励了员工，也使公司长期处于一种快速发展的状态。

海尔公司依据企业发展的实际状况与市场变化情况及时调整企业的机制系统，从而使企业保持了良好的发展状态。合适的机制系统能促进企业日常工作的健康运行。制定适合企业的机制系统需要倡导全员正能量、把整个企业打造成一个强大的正能量场、倡导全员“荣”文化、培养全员机制思维，从而为机制的高效运行奠定稳定的发展基础。

人人是人才，
赛马不相马；
你能够翻多大跟头，
给你搭建多大舞台。

NO1. 倡导全员正能量

适合企业的机制系统，必定是能给企业带来正能量，能提升全员正能量的机制。科学合理的机制系统符合企业的发展规律，能调节企业内部的成员关系，提升全体成员的正能量。反之，全员正能量的提升又能保障企业机制系统的正常运行，促进企业的良性循环发展。倡导全员正能量应从加强职业道德建设、形成和谐的关系、修炼个体正能量这几方面入手，为制定合适的企业机制系统奠定基础。

一、加强职业道德建设

职业道德是员工精神内涵的核心，加强职业道德建设，培养员工爱岗敬业、乐于奉献的精神，能改善整个企业的精神面貌，提高员工的工作热情，转变员工的思想观念，让他们不再仅仅把工作当成任务，而是作为丰富人生实现自我价值的途径。一旦心态转变了，不仅工作效率提升，还能给员工带来更多的正能量。

二、形成和谐的关系

和谐融洽的氛围能为全员正能量的倡导提供良好的外部环境。轻松民主的工作环境不仅能激发员工的奉献精神与创新思维，还能减轻员工的工作压力，促进员工的健康成长。管理者对员工的尊重与关怀更能为员工带来无穷的正能量，使他们乐于为企业奉献。

三、修炼个体正能量

加强个体正能量的修炼，是实现全员正能量的关键。全员修炼个体正能量，能促进个体的自我完善，使个体得到不断的提升与进步。同时，个体正能量又能影响到其他人。整个企业成员之间的相互影响、相互作用，会形成一股强大的力量，促进企业的整体进步。

全员
正能量
修炼个人
正能量
加强职业
道德建设
形成和谐
的关系

NO2. 打造一个强大的正能量场

强大的正能量场不仅能为企业的正常发展提供优良的条件，还能使机制顺利地根植于企业。企业一旦形成强大的正能量场，便能比单独的个体正能量发挥更强大的威力，从而形成一个具有凝聚力的团体，促进企业机制的顺利进展。强大正能量场的打造，需要管理层树立良好的榜样、建立正能量氛围，并且提升全员正能量意识。

一、树立良好的榜样

领导者作为企业的领头羊，对企业的发展产生着深刻的作用。领导者的一言一行都能在企业引起反响，在不知不觉中影响企业的氛围和员工的情绪、情感变化。所以管理层应树立良好的榜样作用，以自己的实际言行给员工带来正面的影响。管理者应是积极向上的形象，用自己强大的个体正能量提升员工的正能量，从而使整个企业形成一个强大的正能量场。

二、建立正能量氛围

正能量氛围的建立是强大的正能量场形成的前提。只有在企业内部营造充满正能量的氛围，才能给员工创造一个良好的工作环境，提高员工的工作积极性，点燃员工工作的热情。正能量氛围为正能量场提供肥沃的土壤，促进全员正能量的生发。企业形成一个充满正能量的氛围，会促进员工个体正能量的提升，从而使整个企业成为一个强大的正能量场。

三、提升全员正能量意识

提升全员的正能量意识，不仅能改善员工的精神面貌，使企业文化的精神内涵发扬光大，还能促进全员工作效率的提高。只有使正能量意识成为员工的固定思维，使员工积极改善自我，寻求自我的不断进步，才能使整个企业成为积极向上的不断前进的整体，促进企业正能量场的稳固与提升。

正能量场
营造正能量氛围
树立好的榜样
提升全员正能量意识

NO3. 全员倡导“荣”文化

合适的机制能提升全员正能量，为企业的良好发展提供不竭的动力，它是以倡导“荣”文化为核心的，不仅提升改善企业文化，还会对整个企业产生积极的影响。倡导全员“荣”文化，是以对员工的激励赞赏为核心的。促进企业文化向“荣”文化的转变，应以激励机制为基础。激励是推动员工内心的动力去完成一件工作。对员工施以激励，会促进他们能力的最大限度发挥，提高绩效。

通过组织参与激励、榜样影响激励、荣誉授予激励、绩效公示激励、理想约定激励、环境氛围激励、物质现金激励、倾诉引导激励的方式能加强员工的忠诚度，充分发挥员工的智慧，从而促进员工的茁壮成长。

激励铁三角是由待遇、环境和发展支撑的，它是稳固发展全员“荣”文化的基础。加薪与升职是最直接也是最受员工欢迎的激励方式，它容易支配，容易处理，是人人都乐于接受的，可以在长期的工作计划里随时为员工注入一支强心剂。但它还具有以下缺点：成本高且不具有保存价值和纪念意义；过于频繁的物质奖励容易降低员工的满足感，会使员工不再有意外之喜；此外，还很难保持激励效果的长效性。因此，仅仅靠物质奖励不能很好地贯彻实施企业的“荣”文化。

倡导“荣文化”除了单纯的物质奖励，还要以全赢激励七组合为基础，用真心和关爱去领导他们，致力于满足员工的最大需求。全赢激励组合有七大策略，即赞扬激励法、目标激励法、环境激励法、竞赛激励法、荣誉激励法、庆祝激励法以及关怀激励法。

加薪与升职是最直接也是最受员工欢迎的激励方式。

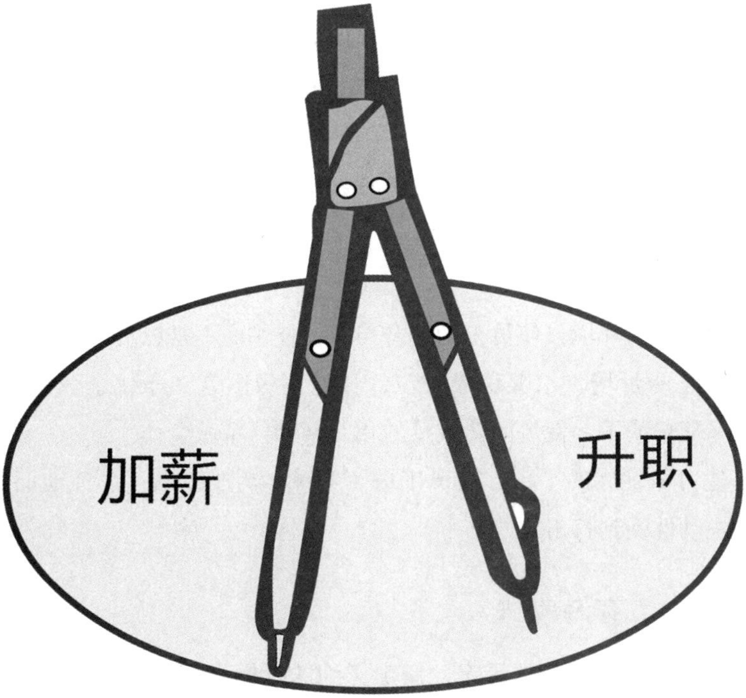

策略一：赞扬激励法

1. 领导亲自祝贺工作优秀的员工，表达自己的诚意。

2. 领导亲自写信赞扬员工的优秀绩效，会使员工觉得自己受到了重视。

3. 依据员工绩效决定员工的晋升，能让员工充分发挥自己的潜力。

4. 领导公开赞扬创造出优秀绩效的员工，不仅能提高员工的自信心和自豪感，还能给其他员工树立榜样。

5. 定期举办员工集体会议，庆祝员工取得的成功，营造良好的激励氛围。

策略二：目标激励法

1. 没有人能够在没有目标的情况下完成任何有重大意义的事情，目标设定是人类最强大的自我激励力量。

2. 目标设置必须要依据员工的具体情况而定，符合激励对象的需要。

3. 利用目标激励法时，提出的目标一定要明确清晰，是具体的、能达成的，而不是笼统的、抽象的。

4. 设置的目标既要切实可行，又要具有挑战性，给员工留充分的发展余地。

策略三：环境激励法

1. 创建公平的环境，使员工的提升与业绩挂钩而不是以资历为依据。

2. 巩固正能量场，永葆积极效应，杜绝消极因素，净化企业的人际关系，使全员关系简单明了，促进团队成员的相互帮助，精诚合作。

3. 搭建自由发展的平台，使员工敢于尝试，勇于创新，不让他们的创新意识与积极主动性受到打击。

策略四：竞赛激励法

1. 在竞赛中进行明确的界定，制定详细的目标和行为流程，实现竞赛的规范化和有序化。

2. 每次竞赛都要确定一个令人兴奋的主题，以提高员工的积极性和参与热情。

3. 对于竞赛采取有吸引力的奖励，奖励要具有合理性，符合企业和员工的实际情况。

4. 加强竞赛的宣传和跟进，保证全员参加竞赛的热情，保障竞赛进程的顺利进行。

策略五：荣誉激励法

1. 开展优秀员工的评比活动，促进员工的不断进步；对后进员工进行荣誉激励，促进他们的不断成长。在采取荣誉激励法时，可以实施具体的奖励手段，如旅游奖励等。

2. 给予员工非业绩性竞争荣誉，提高员工的自信心，使他们的工作热情不断高涨。

3. 颁发内部证书或聘书，这是对员工的一种比较庄重的肯定方式。

4. 借助荣誉墙和企业年鉴来激励员工，能给企业营造一种轻松积极向上的氛围，有利于“荣”文化的倡导与实施。

5. 荣誉激励是一种终极的激励手段，它把工作成绩与晋级、提升、评优等程序结合起来。领导者要对员工的奉献公开表示承认，给予员工一定的头衔和名号，从而满足员工的自尊需要。

策略六：庆祝激励法

1. 营造欢庆的企业氛围，在企业获得胜利或员工取得进步时，举行欢庆仪式，在日常琐碎繁杂的工作中尽可能多地抓住庆祝的机会，让工作变得多姿多彩。

2. 欢庆能让人有胜利的感觉，并营造出一种充满积极活力的工作氛围，在使员工身心得到放松的同时，提高他们对企业的归属感。

3. 正式庆祝是庆祝激励法的重要方法，可以在部门超额达成目标、员工的调任升职等与工作密切相连的事件中进行正式的庆祝，公开给予表彰或颁奖。

4. 非正式庆祝也能加强员工之间彼此的联系，提高企业的凝聚力。非正式庆祝可以以部门问题的突破、某个员工的进步、新进了职员等一些小事情为契机，进行非正式的比较轻松的庆祝活动，鼓舞全员士气。

策略七：关怀激励法

1. 关怀激励法需要领导者尊重关怀员工，站在员工的角度思考问题，充分维护员工的利益。

2. 做到“九个了解”，了解下属的姓名、生日、籍贯、出身、家庭、经历、特长、个性、表现等基本状况，加强对员工的了解是实现对员工有效管理的前提。

3. 领导者除了解员工的基本状况外，还应实现“九个有数”，对下属的工作状况、住房条件、身体情况、学习情况、思想品德、经济情况、家庭成员、兴趣爱好、社会交往心里有数，从而为员工打造适合他们的发展途径。

4. 关怀激励法的标准是“严格管理，真心关怀”，领导者要注意观察员工的情绪情感变化，及时帮助员工解决他们工作中遇到的问题，并尽量在 1 个工作日内把问题处理好。

NO4. 培养全员机制思维

全员机制思维的培养，能促进员工转变思维，更好地为企业做贡献。它能使机制的制定、运行的过程更顺利，培养全员机制思维能使企业制定出更适合自身发展的机制，从而促进企业的有序化发展。全员机制思维的形成与巩固是一个系统的过程，需要从以下几方面入手：

一、尊重个性化差异

尊重个性化差异能为全员机制思维的培养创造良好的氛围。每个员工作为一个独立的个体，具有其不同的能力、特长、性格特征等，尊重个性化差异是营造充满活力的企业氛围的关键。尊重每个人的不同发展特点，不限制员工的个性化发展，才能在潜移默化中培养员工的机制思维，避免员工对转变思维产生抵触心理，从而促进员工机制思维的顺利发展。

二、建立自由发展平台

给员工充分的发展自由，才能真正发挥全员机制思维的巨大威力。培养全员机制思维，其最终目的是促进员工和企业的共同发展。只有给员工提供宽广的发展平台，让员工拥有自由表达意见、运用自己的聪明才智解决问题的自主权，才能培养员工的责任心，使员工产生有问题用机制的意识，从而不断巩固全员机制思维，为制定合适的机制打下坚实的基础。

三、严格有序的管理

企业的管理只有规范化，才能保障日常运行状况的平稳有序化。严格有序的管理是培养全员机制思维的基础。在科学合理的管理之下，企业才能形成适合机制思维发展的大环境。领导者在管理工作中，应做到无机制不管理，有问题用机制。在这种严格有序的管理氛围下，才能培养起全员的机制思维。

尊重个性化差异
建立自由发展平台
严格有序的管理
全员机制思维形成

重点微提醒

全员正能量的倡导能为制定适合企业的机制系统奠定基础。

强大的正能量场能使机制根植于企业顺利地运行。

促进企业文化向“荣”文化转变，应以激励机制为基础。

全员机制思维的培养能使机制的制定、运行的过程更顺利。

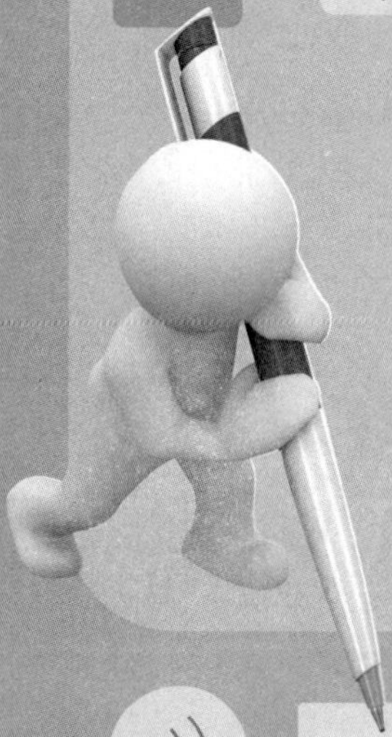

第五章

PM 系统

1. PM 铁三角：创新、市场、文化

2. PM 开展的“三个关键点”

第 1 节　PM 铁三角：创新、市场、文化

【案例引入】

索尼从创建开始就注重产品与技术的研发、革新，并为员工提供了广阔的发展创新空间，引导员工积极寻求市场空白，发现新的商机。

索尼是世界上第一个生产 CD 音乐碟的企业。在社会科技发展的推动下，人们的生活水平也有了很大的提高，开始追求高质量、高品位的生活。人们的音乐消费意识逐渐觉醒，对音乐消费的要求也越来越高，渴望更好的音乐消费体验。索尼公司敏锐地洞察到了这一潜在的市场需求，便联合具有技术优势的飞利浦制造出了世界第一张 CD 光碟，从此引领了音乐消费的风潮，开拓了广阔的音乐消费市场。

索尼创造了良好的适合创新的工作氛围，倡导员工发现新的商机，并且能抓住潜在的消费需求，生产新的产品去引流新的消费潮流，从而促进公司消费市场的不断扩大。

PM 是英文单词 Project Management 的缩写，指企业的项目管理。PM 是指以运用各种相关知识技能为基础，采用适当的方式开展组织各种活动，以实现对项目的期望及目标，它是以创新、市场和文化为基础的。创新、市场与文化是 PM 的铁三角，企业应以这三方面为基石，保障 PM 工作的顺利进行。

创新
PM
市场
文化
SONY

NO1. 创新：不断排列组合、不断打破

企业应根据市场经济形势，对 PM 系统进行持续创新，保证项目管理的效果，既能为企业的生存发展打下坚实的基础，也能促进企业的可持续发展。实现项目创新，才能在激烈的市场竞争中站稳脚步，不断开拓新的客户与市场，从而增强企业的市场竞争力。

PM 的创新本质就是整合资源，把资源进行排列组合以充分发挥资源优势，不断打破旧局面，为企业的项目管理开拓新的前景，保障企业的切实利益。项目管理的创新性包括两层含义。

其一是指项目管理要注重创新。创新是一切企业活动充满活力、不断取得进步的源泉，创新也是现代企业的灵魂所在。PM 的创新要从多角度出发，实现全面的创新，从根本上打破旧的局面，营造新的未来。项目管理创新性的第二层含义是指在项目管理中，没有一成不变的模式和方法。所以企业不应拘泥于死板的条条框框，应根据实际情况不断调整 PM 的模式和方法，积极寻求新的道路促进项目管理成效的提升，通过管理创新去实现对具体项目的有效管理。

PM 创新的本质就是整合资源，
进行排列组合以充分发挥资源优势，
不断打破旧局面，
为企业的项目管理开拓新的前景，
保障企业的切实利益。

一、观念的创新

1. 在 PM 中，要进行创新首先要转变观念，打破刻板守旧的管理观念，实行严慈相济、具有灵活性的管理。

2. 实现 PM 系统的观念创新，需要领导者改唯我独尊的老套专职管理思想，变单纯的行政指令、管理观念为科学的决策管理观念。

3. 进行观念的创新需打破全体员工受禁锢的思维模式，促进全员观念的创新，将因循守旧的不合理的观念转变成追求创新的观念。企业只有树立科学的 PM 观念，才能适应不断变化的市场经济。

二、实践的创新

1. 创新如果只流于表面，却没有应用到 PM 系统的实际运行过程中，那么就不能发挥有效的作用。再先进的理论如果不能应用到实践中，只会变成纸上谈兵。

2. 照搬模式不是真正的创新。把外国的或其他成功企业的 PM 系统原封不动移植到自己的企业中，可能会出现水土不服、不能与企业机制良好融合的情况。企业应根据自身的发展状况，学习借鉴他人的经验，在简单引进的基础上进行改良完善，实现 PM 系统的实践创新。

3. 人才资源是实现 PM 系统创新的关键。企业应做好人才的引进与培养工作，为 PM 系统的创新提供丰富的、合格的人才资源，促进企业人才战略的长期发展。

三、制度的创新

1. 制度的创新是 PM 系统创新的保障与重要依据，只有建立起科学合理的 PM 制度，才能实现预期的效果。

2. 制度能指导实践，制度的创新应采用多种方式，以激发全员的工作热情，提高 PM 系统的运行效率。

3.PM 系统的制度应具有弹性、灵活性的特点，过于死板的制度不利于制度的创新。此外，PM 系统的制度创新应建立在尊重企业客观发展的基础上。

制度
创新
PM
创新
观念
创新
实践
创新

NO2. 市场：不断挖掘现有市场和不被重视及未发现的市场

市场是企业发展过程中不能被忽视的重要方面，PM 是建立在良好的市场定位前提之下的。在市场竞争中，PM 需以市场为导向，从全局对市场趋势进行把握，然后确定明确的目标，对项目任务进行充分分解，确定明确的客户群。充分发挥市场的潜力，需要不断挖掘现有市场和不被重视及未发现的市场。

一、挖掘现有市场

1. 现有市场是企业的 PM 已经开发的市场，它能为企业创造效益，增加企业竞争的筹码。维持和稳固现有市场对 PM 十分重要，因为现有的市场是 PM 开展一系列活动的主要前提条件。

2. 现有市场虽然是 PM 已经开发过的，但它仍具有巨大的发展潜力，值得企业去深入挖掘。在现有市场的基础上，开发新的 PM 热点，参照市场现有的消费需求状况，在现有需求上更进一步，紧跟消费者心理趋势，满足新的消费需求，充分利用企业资源发挥 PM 的作用。

3. PM 对现有市场的挖掘应实现深度开发，从企业自身出发，改进 PM 管理技术，积极进行生产线的更新换代，完善丰富产品体系，满足更多的消费层次。

二、开发不被重视及未发现的市场

1. 在 PM 的市场运行中，不仅应充分挖掘现有市场的潜力，还应重视不被其他企业看好和未发现的市场，从而开发新的消费热点，创造新的商机。

2. 不被重视的市场因为不具有发展潜力，所以没有受到同行业中其他企业的重视，而未被发现的市场可能由于种种原因尚未被充分开发，其实这些市场中也存在着大量的潜在消费需求。管理者应具有敏锐的洞察力和非凡的市场嗅觉，充分利用市场丰富的信息资源，挖掘这些潜在的需求。

3. 企业应主动开发无意识需求，打破思维定式，重新定义和创造新的消费价值。索尼的创始人盛田昭夫曾经说过："市场是去创造的，而不是去跟随的。"企业如果想把 PM 工作做好，就要充分发掘不被重视及未发现的市场，开创新的局面。

挖掘现有市场

- 维持和稳固现有市场
- 开发新的PM热点
- 实现深度开发

开发不被重视及未发现的市场

- 开发新的消费热点，创造新的商机
- 挖掘这些潜在的需求
- 重新定义和创造新的消费价值

NO3. 文化：培养全员 PM 思维

企业应为 PM 的运行提供合适的企业文化氛围，培养全员 PM 思维，让人人都成为一名合格的产品经理。在全体员工中树立 PM 思维，能为企业的发展提供科学合理的思想指导，还能促进全员工作效率的提高。培养全员 PM 思维，不是笼统地让所有员工都朝一个方向努力，而是应根据不同层次员工的工作任务的不同，给他们制定不同的 PM 思维培养目标，让高层研究战略和商业模式，中层研究产品销售流程、策略和服务提升，基层研究产品与客户心理的连接和成单技能。

一、高层 PM 思维培养

1. 企业高层一般指企业的高级管理者，其职责是统领全局，制定企业的战略目标和商业模式，管理好企业事务及员工，从而带领全体员工去完成企业目标。

2. 在 PM 思维培养中，高层管理者应打破思维定式，依据市场变化和企业的发展形势研究最有益于企业发展的商业模式，为企业的长远可持续发展提供战略指导，实现身为高层管理的光荣使命。

3. 培养企业高层的 PM 思维，就是拓展高层人员的眼界和胸怀，树立大的格局观。高层人员应在着重自身企业发展的同时，研究其他优秀企业的成功经验，放眼更广阔的外部世界，去寻求推动企业发展的力量。

高层PM 思维培训
统领全局
打破思维定势
树立大的格局观

二、中层 PM 思维培养

1. 企业中层指中层管理者，包括各部门的负责人。中层管理者是企业高层与普通员工之间的联系的纽带，在员工与高层之间起着上传下达的作用，是企业的中流砥柱。

2. 培养企业中层的 PM 思维，需使他们着重研究产品销售流程、策略和服务提升，为提高产品的营销业绩提供切实可行的具体建议，从而把企业发展的战略思想落到实处，并对普通员工的工作进行监督管理，保障 PM 工作的顺利开展。

3. 企业中层的 PM 思维的培养，是做好细节工作、构建具体的 PM 框架的过程。因此中层人员应加强自身的研发能力，开拓创新思维，通过对产品、服务等一些环节的改善，保证 PM 工作的整体效果。

三、基层 PM 思维培养

1. 企业的基层是指广大普通员工，是企业人员构成的重要力量，他们的日常工作保障了企业的正常运行，是企业生存发展的关键所在。

2. 培养基层员工的 PM 思维，需要加强他们的研究产品与客户心理连接的能力。研究客户心理发展变化，在产品销售过程中通过仔细观察，揣摩客户心理，根据不同类型的客户有的放矢地采取不同的销售策略，促进产品销量的提高，以保障 PM 工作的成效。

3. 员工的 PM 思维培养的重点就是提高员工的成单技能，通过研究客户心理，提高沟通技巧，提升业务素养，从而保证下单的成功率，拉动企业业绩的提升。

中层PM 思维培训
企业中层是企业的中流砥柱
把企业发展的战略思想落到实处
加强自身的研发能力,开拓创新思维

基层PM思维培养

- 企业的基层是企业生存发展的关键所在
- 加强基层研究产品与客户心理连接的能力
- 提高员工的成单技能,拉动企业业绩的提升

重点微提醒

对PM 系统进行持续创新，也能促进企业的可持续发展。

PM 应以市场为导向，深化开发新的消费热点。

培养全员PM思维，让人人都成为一名合格的产品经理。

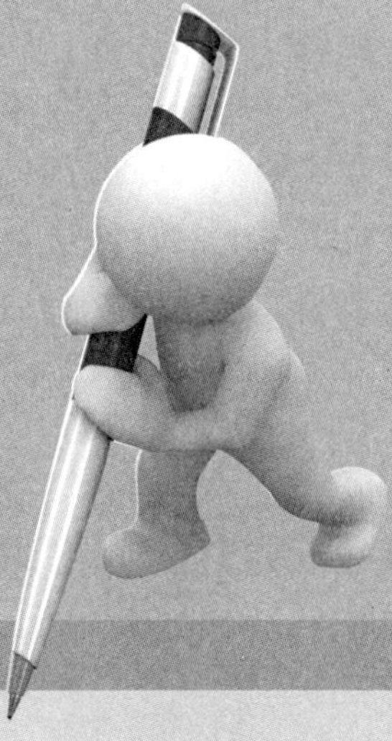

第2节 PM开展的“三个关键点”

【案例引入】

20世纪50年代，欧美市场兴起塑料花热，塑料花深受人们欢迎，家庭里、办公地点随处可见塑料花的影子。面对这千载难逢的机会，李嘉诚建立了世界最大的塑料花厂，竭尽全力投资生产塑料花。到了60年代初期，塑料花投资热依然风行，李嘉诚却敏锐地察觉到塑料花市场已经饱和，并且预感塑料花行业的发展大势已去，因此他毅然退出了塑料花市场。此后，塑料花行业果然出现了危机，产品积压销不出去，很多企业由于盲目生产导致负债累累血本无归，李嘉诚却靠着自己超前的战略眼光带领企业提前逃离了危机，避免了企业利益的损失。

李嘉诚投资塑料花生产以及退出塑料花行业，都是建立在他对市场及行业发展情况的敏锐洞察之上，从而维护了企业的利益。企业PM工作的开展，需了解宏观环境、行业发展状况及消费者心理变化，抓住这三大趋势，并控制好进度，用对思路，以保障企业PM工作的顺利运行。

我凡事必有充分的准备然后才去做。
一向以来，做生意处理事情都是如此。
例如天文台说天气很好，但我常常问我自己，
如5分钟后宣布有台风，我会怎样。
在香港做生意，亦要保持这种心理准备。

NO1. 抓对三大趋势

PM工作的顺利开展需清晰地了解国家宏观的政策与环境以及行业的具体发展状况，此外还应积极探寻客户需求。抓对三大趋势是PM工作的基础。

一、大势：宏观政策和环境

1. 政府的宏观政策调控着市场经济，保证健康有序的市场秩序，促进市场经济的可持续发展。宏观政策为企业的发展提供的是一个大环境，对企业的发展有着重要的影响。

2. 从宏观政策里，能看出政府的偏重，在进行PM工作时，企业应时刻关注国家的宏观政策，大力发展国家扶持的项目，依据国家的宏观政策调整企业的发展模式，优化产品结构，探索出一条适合企业PM工作的发展之道。

3. 企业应瞄准时机充分利用政府的金融支持、税收优惠、收费减免、财政补贴等一系列扶持政策，做好PM工作。政府的支持能使企业发展免除后顾之忧。

二、中势：行业状况和环境

1. 行业的兴衰决定了企业的兴衰，企业在进行PM工作时，应分析行业的现实发展状况，依据行业的情况进行及时调整。

2. 企业的PM工作要遵循行业发展规律，当整个行业都蓬勃发展时，企业应抓住良好时机，采取一系列积极措施，促进PM工作的改善；当行业唱衰、发展状况低迷时，企业可以进行恰当的PM战略收缩，以保障企业的利益。

3. 良好的行业环境是企业发展的前提，企业的PM工作需加强同行间的互助合作。

三、小势：客户的需求探寻

1. 客户是企业盈利的源泉，在进行PM工作时，企业应该积极探析其心理，生产出更符合其需求的产品。

2. 企业的 PM 工作应以客户需求为导向，研究客户的喜好，除了顺应其消费要求外，还要挖掘他们的潜在需求，主动创造新的消费趋势，引领消费潮流。

3. 只有关注客户需求，顺应市场发展趋势，才能提供使客户满意的产品和服务项目，建立稳固的客户群，培养忠实的企业客户。

NO2. 踩对三种步子

企业的 PM 工作应做好三步走：用小步走去探索试错，大步去实现快速发展，从而实现跨越式发展。

第一步：小步试错

企业在进行 PM 工作前，应打破思维定式，积极探索新的途径与方式。但企业的探索在给企业带来新的发展契机的同时，也加大了企业运行的风险性。企业的探索之路一旦失败，不仅会浪费企业的人力物力，还会阻碍企业的正常运行。因此，企业在进行 PM 的创新探索时，不宜采取过于激进盲目的方式，而应进行小步试错，把风险降到最低，循序渐进地进行 PM 探索。

第二步：大步快跑

企业的 PM 工作在经历过小步试错的阶段后，进入正式运行阶段。在此阶段，企业已从第一步积累了足够的经验，因此可以进入大踏步发展阶段。在日常工作中，动员全员 PM 思维，提高全员的工作效率，并且完善管理制度，创设良好的企业环境，才能为 PM 工作提供适合其发展的沃土。这一阶段是企业的 PM 工作稳步发展的阶段，因此企业应踏踏实实做好每一环节的工作，促进产品销售业绩的提高和服务水平的提升。

第三步：跨步跳跃

在经过第一步第二步的发展后，PM 工作已具备实现跨越式发展的资本。在这一阶段，企业更应动员全员的力量，做好最后阶段的冲刺工作；同时，要加强 PM 工作的引导与监督，保障 PM 工作取得最后的胜利，促进企业的跨步跳跃发展。

小步试错
应打破思维定势，
不宜采取过于激进盲目的方式。
大步快跑
应踏踏实实做好每一环节。
跨步跳跃
应动员全员的力量，
加强PM工作的引导与监督。

NO3. 用对六个思路

在PM工作中，关键是要用对思路，思路对了，PM工作的运行才会更顺利。PM工作中用对思路需实现考虑好以下问题。

一、为了什么？

1. 企业为什么要开展PM工作？
2. 企业的PM工作应达到什么样的目的？
3. 为实现PM总体目标，应该划分成一些怎样的小目标？

二、做什么事？

1. PM工作包含哪些环节？
2. 达成PM目标应采取哪些步骤？
3. PM工作有哪些具体要求？

三、解决什么人的什么问题？

1. PM工作的对象是谁？
2. PM工作应解决他们的什么问题？
3. PM工作应保持在怎样的度以内？

四、何时做？

1. 什么时机进行PM工作最合适？
2. PM工作中的每一阶段应该在什么时候进行？
3. 整个PM系统应该在什么时间完成？

五、谁来做？

1. 由哪些员工或部门负责PM工作？
2. 谁是PM工作的总指挥？

3. 每个人或部门应承担怎样的工作任务？

六、效果如何？

1. 在一段时期内，PM 工作达成阶段目标了吗？
2. PM 工作给企业员工带来了怎样的影响？
3. PM 工作对产品销量的提升有帮助吗？

重点微提醒

把握宏观环境、行业趋势及客户需求是PM工作的基础。

企业的PM工作应用小步走去探索试错、大步去稳步发展，从而实现跨越式发展。

思路对了，PM工作的运行才会更顺利。

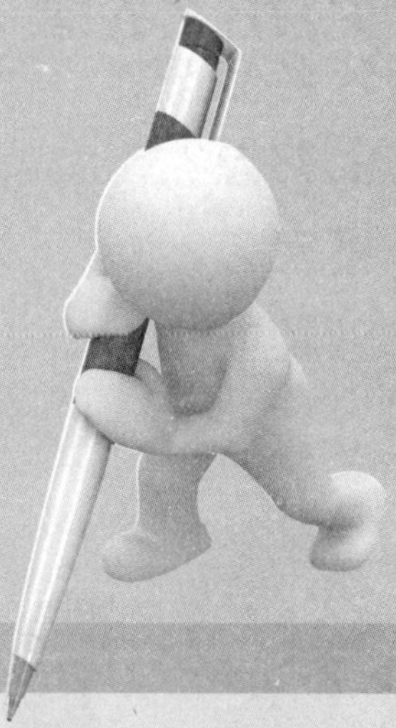

第六章

营销系统

1. 企业营销是做什么
2. 企业内营销策略
3. 企业外营销策略

第1节　企业营销是做什么

【案例引入】

如今如日中天的蒙牛集团，在创业初期却只是一个无名小辈，其领导者都是原伊利工作人员为创业而出走的领导群。为了避免和行业巨头伊利的正面竞争，并麻痹竞争对手，蒙牛采取低调的营销方式，为伊利和另一竞争巨头兴发免费做起了广告。蒙牛投资100多万元，投放了300多幅灯箱广告，广告正面主题“为内蒙古喝彩”，下书：“潜力草原腾起伊利集团、兴发集团、蒙牛乳业。”这种做法赢得了当地政府和两大竞争对手的好感。在麻痹了竞争对手之后，蒙牛迅速推出产品，并且不断更新，最终成为可以和伊利分庭抗礼的大型企业。

蒙牛在创业初期选择较为低调的营销方式，没有和竞争对手直接硬碰硬，而是避其锋芒，用谦逊的态度麻痹了竞争对手，为企业的不断发展壮大提供了良好的外部条件，最终在进行产品的更新换代之后，成为著名的乳业品牌。这就是营销的力量。

企业营销包括产品、手段、客户三大重要方面，分为内营销和外营销，它是按步骤有序进行的。企业只有做好企业营销，才能在市场上立于不败之地。

企业只有做好企业营销，

才能在市场上立于不败之地。

NO1. 企业营销“三个关键词”

企业营销系统是建立在对自身规模和市场行业发展充分评估的基础之上的，它是根据实际情况制定合适的产品营销策略。产品、手段和客户是企业营销系统的三个重要方面，企业在营销过程中，应注重每一方面的发展，使三者相互作用以实现企业在营销上的成功。

一、产品：有形、无形

产品有有形和无形之分，不只有形产品能给企业创造大量的利润，企业提供的服务等无形产品也能产生财富，促进企业的发展。企业在营销过程中，不仅要注重有形产品的质量，依据市场发展状况进行产品的更新换代，不断满足消费者的需求，还要充分发挥无形产品的价值，为客户提供超值的服务，无形产品的发展能为企业树立良好的形象。只有服务与产品营销相配套，提高客户的满意度，才能不断促进企业产品销量的提高。

二、手段：渠道、技巧、方法

企业营销的成功与否，手段是关键。营销手段包括营销渠道、营销技巧以及营销方法。营销渠道是实现产品和服务从企业向消费者流通的具体通道或路径。在营销渠道中，起点是企业，终点是客户群。除此之外，在产品流通过程中的各类中间商也是营销渠道的重要参与者。营销技巧是营销能力的体现，它是利用相关营销技巧促进营销目标的达成。营销方法则是指企业在营销过程中所采取的方式，它具有多样化的特点，如服务体验营销、网络营销等都是常用的营销方法。企业在营销的过程中，应充分利用营销手段以保证营销效果。

三、客户：有需求的群体

客户是企业盈利的源泉，企业营销系统要有的放矢，选择最恰当的客户群。目标客户群的定位应以市场定位为基础，对市场进行细分。在对企业产品进行仔细分析后，确定产品的营销对象，寻找潜在的客户群，即那些能用到同类的产品或可能会消费同类产品的群体。然后针对潜在客户群确定营销区域，最后应充分研究目标客户群的特点和心理特征，为制定合适的营销策略奠定基础。企业在营销过程中应充分挖掘潜在客户，为企业建立起稳定的客户群，保障企业的不断盈利。

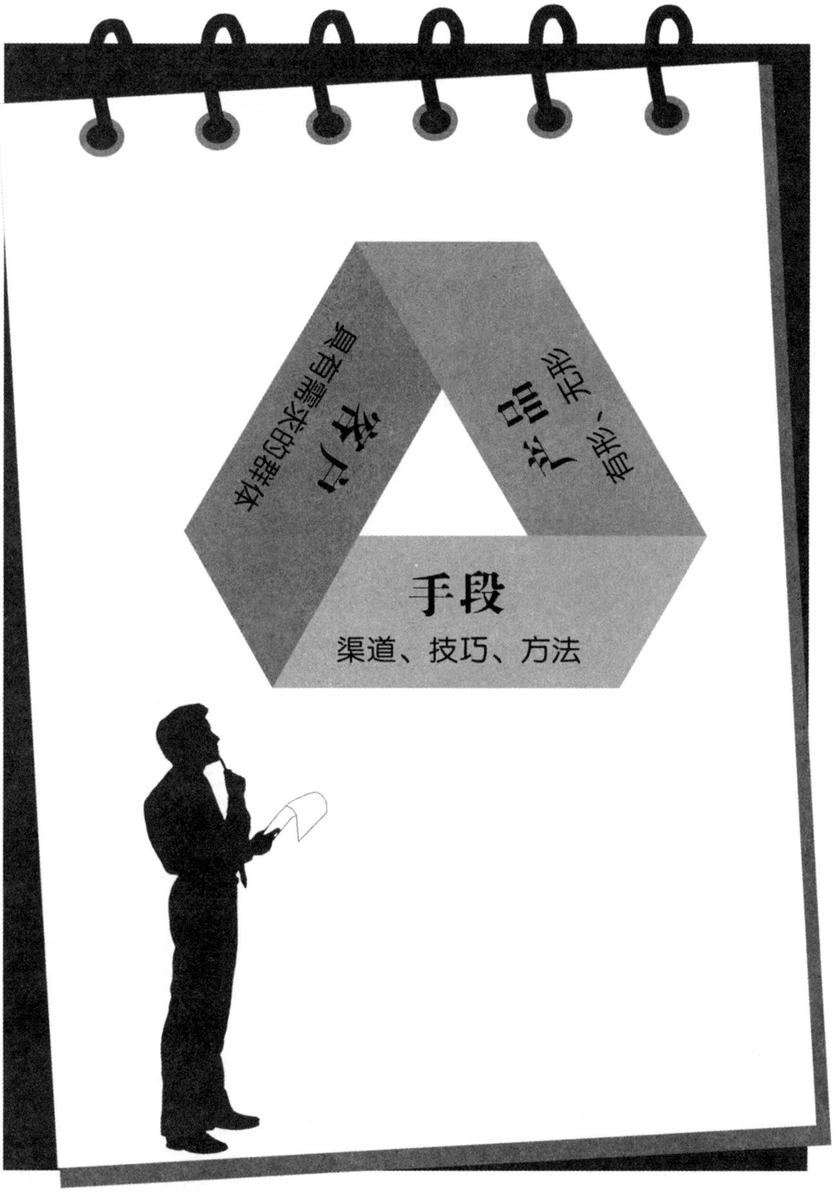

NO2. 企业营销的两大分类：内营销和外营销

企业营销分为两大类：内营销和外营销。内营销是把企业员工当成消费者，尊重体贴他们，提高他们对本职岗位的自豪感与责任心，这种增强全员凝聚力的内营销方式能给企业的营销工作带来积极的影响。外营销则是一种传统的营销模式，它是最大限度地满足顾客的需求，让其在消费过程中感到满意，从而促进企业营销目标的达成。

一、内营销

1. 内营销策略的落实建立在全员平等自由的关系基础上。领导者应积极转化思想，树立服务员工的意识，而不只把员工当成谋利的工具。在企业内部建立平等的关系，不仅能提高员工的凝聚力，还为内营销策略的贯彻提供了良好的企业氛围。

2. 领导者要尊重体贴员工，多站在员工的角度思考问题。帮助员工实现良好的发展，也是企业应尽的职责，领导者应为员工在工作中及时排忧解难，真诚地去关怀员工，切实为员工的切身利益考虑。

3. 人性化的管理是实现企业内营销效果的保障。只有在企业实行人性化管理，才能创造出轻松自主的发展环境，激发员工的工作热情，充分发挥他们的潜力。过于刻板的管理会使企业失去活力，导致员工产生消极的情绪，也间接影响了他们的工作效果与服务态度。

二、外营销

1. 外营销模式能为企业创造巨大的利益，企业应提高全体成员的服务和营销意识。塑造“顾客第一”的服务理念，在营销过程中充分体现出对客户的尊重，最大可能地提高客户满意度，从而建立起稳定的客户群。

2. 企业应结合自身产品的特点与优势，不断拓展客户源。在稳定老客户的同时，积极发展新客户，充分发挥外营销模式的优势。选择合适的客户群与营销手段是外营销的关键所在，在营销过程中，应充分利用企业资源创造最大的

内营销
外营销
企业营销

经济效益。

3. 外营销不能只注重眼前的利益，而忽视了企业的长远发展利益。营销要以诚信为基石，将顾客利益放在第一位，不能为了一时的利益而去损害客户利益。诚信是企业能在市场活动中立于不败之地的前提。以客户利益为重，才能获得客户的青睐。

NO3. 企业营销的步骤

企业营销是一个系统的过程，应使其按照规范化的进程实施，这样才能促进企业营销目标的达成，提高企业产品的营销业绩，为公司创造更好的效益。企业营销应按照分析市场环境、瞄准目标市场、制定营销战略这三大步骤进行。

第一步：分析市场环境

企业在实施营销策略前，应先进行充分的市场调研，分析企业所处的市场环境和行业发展状况，在客观事实的基础上，制定符合企业发展的营销策略。对市场环境准确深入的分析能为企业正确评估自己的发展机会与障碍提供依据，使企业结合自己的优势与劣势制定最科学合理的发展策略，从而为实施正确的企业营销策略奠定稳定的基础。

第二步：瞄准目标市场

企业营销的关键是选准客户群，针对特定的目标市场采取最恰当的营销方式。漫天撒网式的营销策略不仅会浪费大量人力物力，还不一定能起到良好的效果。只有通过客观的市场分析后，选准目标市场进行积极营销，才能最大限度地确保营销的效果，给企业带来好的经济效益。

第三步：制定营销战略

在对市场环境和目标客户群进行充分分析的基础上，制定适合企业的营销战略，为企业的营销工作提供有章可循的依据。制定营销战略是以企业、市场和客户发展的客观规律为基础，使企业能在现实条件下，充分发挥资源优势，实现资源的优化整合，从而避免盲目的营销活动。制定营销战略是企业内部各部门之间协商讨论的结果，它关系到整个企业的发展状况，因此在制定时要格外慎重，吸收多方意见，以制定出最合理的科学营销战略，促进企业营销业绩的提升。

分析市场环境
1 企业评估
2 分析优势劣势
3 分析行业发展状况
瞄准目标市场
1 选准客户群
2 客观的市场分析
制定营销战略
1 充分发挥资源优势
2 避免盲目的营销活动
3 协商讨论、吸收多方意见
企业营销

重点微提醒

产品、手段和客户是企业营销系统的三个重要方面。

企业营销分为内营销和外营销两大类。

企业营销应按照分析市场环境、瞄准目标市场、制定营销战略这三大步骤进行。

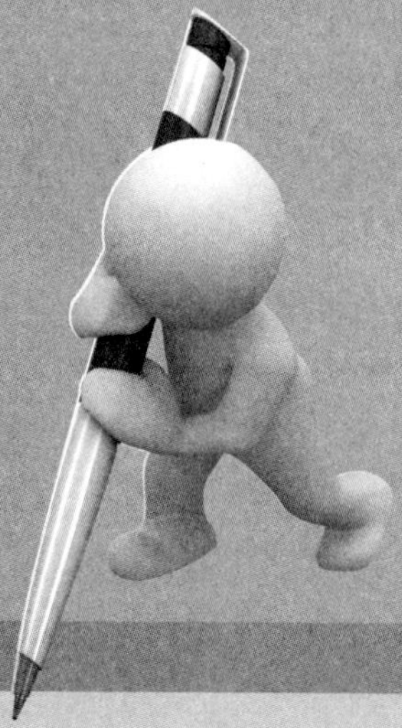

第2节 企业内营销策略

【案例引入】

松下幸之助在松下公司任职期间，十分注重落实企业的内营销策略。有一天深夜，松下幸之助打电话到一个普通的干部家中，这位干部原本以为松下要传递什么重要的工作指示，没想到松下竟然说："我突然很想听到你的声音。"在讲究辈分伦理的日本企业，松下的话让这位干部受宠若惊。松下以如此真诚感性的方式来表达对部属的关怀，任何人接到这样的电话都会觉得倍受尊重，愿意为公司全力以赴工作。

松下幸之助以自己的言行落实了企业内营销的精神内涵，提高了员工的工作热情。内营销策略是指在企业管理中，把员工放在重要的位置，领导者要尊重关心员工，用对待客户的态度对待员工。只有建立和谐的领导者与员工的关系，才能使企业形成良好的发展氛围，使企业形成一个具有超高凝聚力的整体。企业内营销策略应从产品内营销、机制内营销、人力内营销、目标内营销、舆论内营销这六大方面入手。

把员工放在重要的位置
领导者要尊重关心员工
用对待客户的态度对待员工
我突然很想听到你的声音

NO1. 产品内营销

产品是企业盈利的基础，在内营销过程中，要充分发挥产品的优势，利用员工的力量提高产品的信誉度，拉动产品销售。加强产品内营销时，应提高员工的口碑宣传意识，切实保障产品质量，给予员工一定的内部优惠价。

一、加强内部员工口碑宣传

员工是企业的活广告，企业应培养全员营销思维，使员工在日常生活中向周围的人推介企业的产品。个人的力量是弱小的，但每一个人又影响着身边的人，员工应把加强企业产品的宣传作为自己的职责，多向周围的人介绍企业产品的优势特色，这样一传十、十传百，会在不知不觉中发展潜在客户群。依靠员工的产品内营销不仅能提高产品的口碑和知名度，还能进一步拓展客户，为企业赢得一批忠实的客户群。

二、切实保障产品质量

提高产品质量，促进产品的更新换代是企业营销活动的重中之重。树立员工的质量意识，提高员工的责任心，把提高产品和服务质量的观念深植人心。如果企业的产品都是严格按照生产流程生产出来的，不偷工减料，能保证质量，员工就会为企业的产品感到自豪，提升对企业对产品的信心。如果连企业内部的员工都不认可自己的产品，那么产品在市场竞争中必然遭到失败。只有员工由衷地为企业产品骄傲，在不知不觉中影响着他身边的亲戚朋友等人脉关系，使他周围的人都产生该企业产品质量有保障的意识，产品在市场竞争中才会有良好的发展前景。

三、给予内部优惠价

加强产品内营销，使本企业的员工也能安心使用产品、享受服务。可以根据实际情况，给予恰当的内部优惠价。当内部员工购买本公司产品的价格比市场价偏低时，不仅会使他们感受到公司的人情味与关怀，还能间接拉动企业产品的销售。员工也是企业产品的客户，当员工使用产品或体验完服务后，企业应及时向他们了解对产品的意见及看法，以便推动产品和服务的改进与完善。

NO2. 机制内营销

依据公司的实际发展状况，建立科学合理的内营销机制，为企业做好内营销工作打下坚实的基础。企业的内营销机制应做到实事求是，为员工创造良好的发展环境，同时应严格执行，保障内营销目标的顺利达成。

一、实事求是

企业内营销机制的制定应符合实事求是的原则，它应符合企业的发展现状，这样有利于企业的发展和员工的成长。企业内营销机制不能过于苛刻严厉，给员工带来很大的压力。在制定内营销机制时，不能强制摊派目标任务，如规定员工对于企业的产品必须达到一定数额的购买量，这不仅会降低员工对企业的凝聚力与信任度，还会降低员工对产品的自豪感与自信心。

二、公平尊重

内营销就是把员工作为客户对待，提高员工的满意度。因此内营销机制必定是以员工利益为重，实现管理层对员工的关怀与尊重。内营销机制应营造出一个充满人性化与亲和力的工作环境，给员工提供公平自主的发展环境，促进员工的不断成长。公平合理的内营销机制不仅有利于加强员工的主人翁意识，提高员工对企业的归属感，还能使员工自觉地把提高企业效益、促进企业发展作为自己的职责，从而有利于建立全员营销模式，提高公司的利润。

三、严格执行

机制一旦制定后，不能朝令夕改，随意变动。企业做好内营销工作，应严格按照内营销机制行事，充分发挥机制的指导性作用，促进内营销工作的顺利进行。贯彻实施内营销机制，体现领导者服务于员工的内营销精神内涵，使整个企业形成有序的人性化的发展环境，实现领导者与员工关系的融洽和谐发展。机制是为人服务的，在严格执行内营销机制时，可根据企业的实际发展情况进行改进与完善。

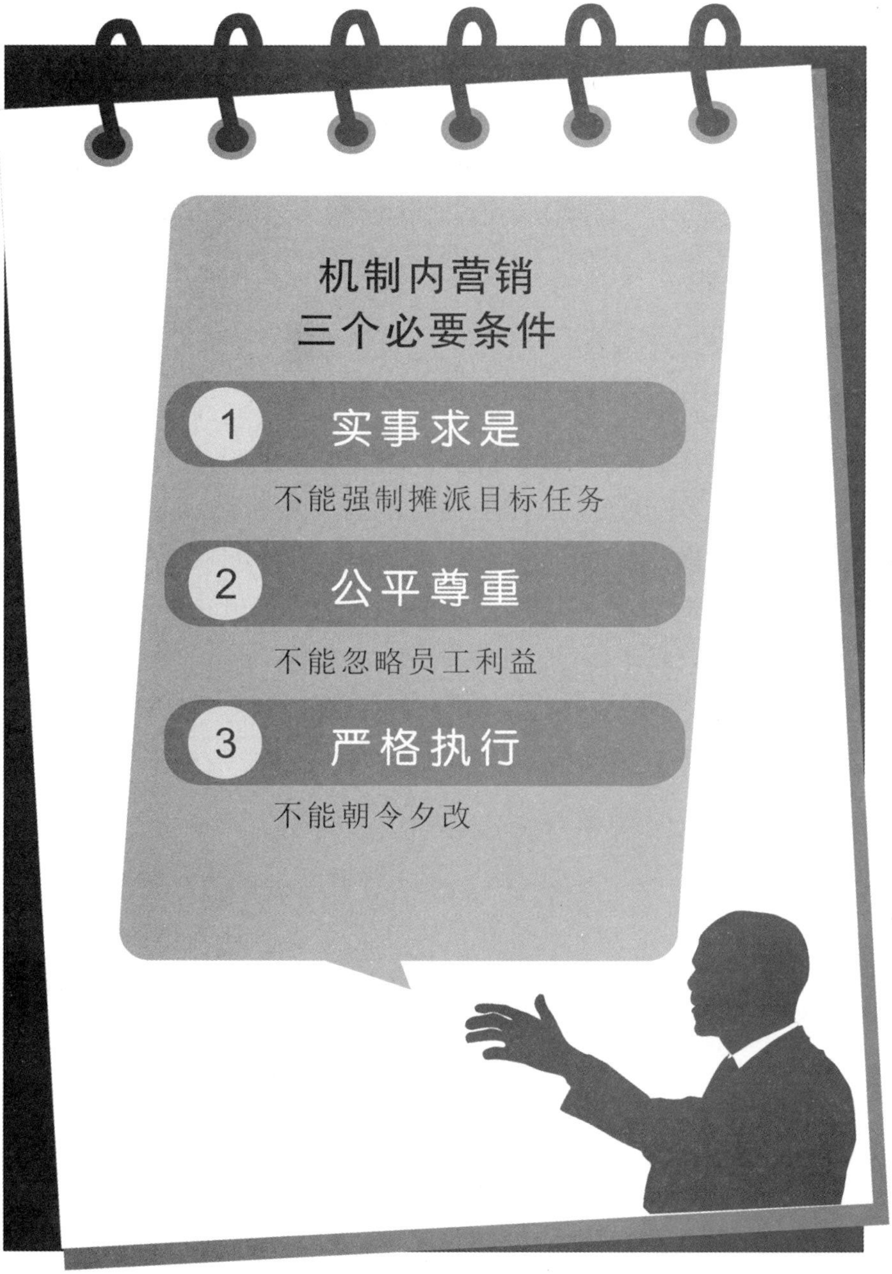
机制内营销
三个必要条件
1 实事求是
不能强制摊派目标任务
2 公平尊重
不能忽略员工利益
3 严格执行
不能朝令夕改

NO3. 人力内营销

人力资源是企业发展的不竭动力，人力内营销能充分调动员工的积极性，发挥员工的特长，它包括内部的人才推荐、内部的人力转岗、内部团队重组、关怀员工的家属四部分，做好这四部分的工作，能使企业的人力资源发展始终保持着朝气。

一、内部的人才推荐

1. 企业内部人员更了解企业的发展状况与规章制度等，因此当企业出现岗位人员空缺时，可考虑由部门领导者进行人才推荐，这样能为公司节约招聘成本和精力。内部人才较快的岗位适应性还能为企业创造更多效益。

2. 在内部人才推荐的框架下鼓励员工的自荐。企业应创造公平发展、自由竞争的工作环境，提倡鼓励员工的自荐，为有能力的员工提供良好的发展机遇。

3. 内部人才推荐应遵循公平透明的原则。企业确定候选人员名单后应进行公示，充分征求更多人的意见，待大家无异议后方可任用。内部人才的推荐也应严格按照规范进行，以防个别人为牟取私利进行暗箱操作。

内部人才推荐
由领导者进行人才推荐
鼓励员工的自荐
推荐应遵循公平透明的原则

二、内部的人力转岗

1. 内部的人力转岗更能充分发挥员工的特长与优势，促进各部门之间的协调与合作，使企业的发展充满活力。

2. 在企业内部进行人力转岗时，应根据员工的自身情况与岗位要求做出调整，把最合适的人才安排到最恰当的岗位，实现企业与员工的双赢。

3. 内部的人力转岗能使员工发展多方面的能力，获得多方面的技能，降低长时间处在一个岗位所产生的厌倦等消极情绪；但内部转岗不宜过于频繁，否则耗费企业精力的同时还会给员工带来适应压力。

三、内部团队重组

1. 内部团队重构能使企业的团队建设充满活力。选准恰当的时机对内部团队进行重组，精简队伍，补充进新的人才骨干。

2. 内部团队的重组要充分做到机制与人情的统一，既要严格按机制办事，选拔提升有能力的新人，剔除无能的管理者，也要注意扶持在员工中有较高威望的员工领袖，照顾好员工的情绪感受。

3. 内部团队重组应该是适度的人力资源调整，不宜动作过大，影响企业的发展氛围。通过重构内部团队后，企业会获得充足的发展动力。

四、关怀员工的家属及家庭

1. 了解员工的基本家庭情况，当员工出现家庭事务方面的困难时，及时为员工排忧解难，使员工能安心工作。

2. 企业应实行人性化管理，推行充满人情味的企业文化，使员工明白工作不是生活的全部，闲暇时应多关心亲人与家庭，提高员工的幸福指数。

3. 企业应与家庭一起为员工的发展提供强劲的动力，使员工在为企业做贡献的同时也能拥有美满幸福的家庭生活。

内部的人力转岗
充分发挥员工的特长与优势
让合适的人做合适的事
不宜频繁
内部团队重建
做到机制和人情的统一
不宜动作过大
关怀员工的家属及家庭
及时为员工排忧解难
提高员工的幸福指数

NO4. 目标内营销

目标内营销能推动企业目标的实现，内营销目标应是提高员工的工作热情与干劲，在促进他们职业技能提升的同时，使他们的能力也得到发展，从而实现与企业的共同进步。进行目标内营销应建立团队正能量场，且把企业目标细分，落实到每一个员工。

一、团队正能量场

1. 营造良好的工作氛围，建立团队正能量场，使企业成为一个积极向上的整体。建立团队正能量场能加强员工间的凝聚力，有利于企业整体实力的提高。

2. 提升每个员工的正能量，形成全员正能量意识，领导者更要以身作则，给员工树立良好的行为规范，以自身的正能量带动员工的正能量。

3. 企业内部应建立良好的人际关系，使员工形成互帮互助的良好合作伙伴关系，而不应是相互拆台恶性竞争的对立关系。

4. 建立团队正能量场是实现目标内营销的重要途径，应为员工提供良好的发展平台，促进员工的不断成长与进步。

二、目标落实到人

1. 把企业的大目标细化，落实到部门、个人，以实现目标内营销，提高员工的工作热情和责任心，使每个员工都感觉到自己的价值所在。

2. 目标落实到每个员工身上时，应是具体的量化的，在员工的可实现范围之内。目标过大会给员工带来沉重的发展压力，过小则不能充分发挥员工的聪明才智，不利于员工的进步。

3. 目标内营销应确定大目标是正确的，符合企业与员工的利益。在进行目标内营销时，要因人而异，制定最适合个人发展情况的小目标。此外，要注意实现内营销目标的方法与途径，使每个员工都能得到良好的成长机会，充分发挥自己所长。

4. 每个员工都应为实现自己的目标做出承诺，目标承诺能鞭策员工朝自己的目标不断前进。

团队正能量场

1. 营造良好的工作氛围
2. 领导者要以身作则
3. 应建立良好的人际关系
4. 为员工提供良好的发展平台

目标落实到人

1. 使每个员工都感觉到自己的价值所在
2. 目标应是具体的、量化的
3. 注意实现内营销目标的方法与途径
4. 每个员工都应为实现自己的目标作出承诺

NO5. 舆论内营销

营造良好的舆论氛围，不仅能促进企业外部形象的提高，还能加强企业内部的团结与协作。舆论内营销应做好负面消息的管控、正面消息的传播工作，减少负面消息的散布，加强正面消息的传播，使企业保持着良好的舆论氛围。同时应注意合理引导和使用社交工具，做好舆论内营销工作。舆论内营销应从企业、客户、员工这三方面着手，做好管控与提升工作。

一、企业舆论的管控和提升

1. 企业应学会多为自己造势，把一件好事进行无限放大，树立企业的正面形象，以提高企业的威望和知名度，拓展客户群，赢得市场青睐。

2. 企业应多参加一些社会活动，借助媒体的曝光率提升企业形象，塑造出具有责任心，积极回馈社会的美好企业形象，获得消费群体的好感。

3. 多参加行业组织的会议，不但能了解最新的行业发展动态，学习借鉴同行业内其他企业的优势和长处，还能提升企业的行业地位，促进企业的发展。

4. 进行资源整合，加强与其他企业的合作，做到抱团取暖和借船出海，在提升企业威望的同时实现与合作企业间的共赢。

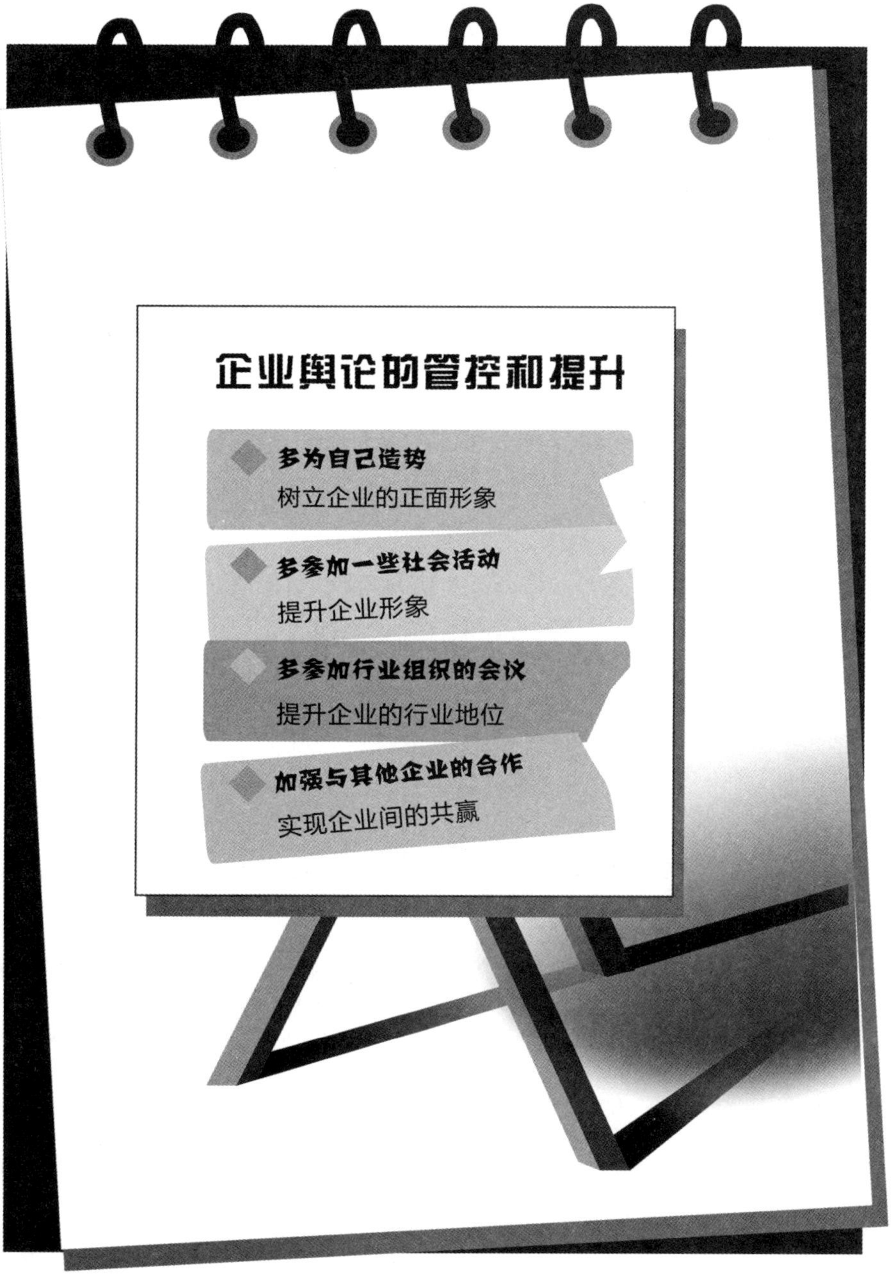
企业舆论的管控和提升
多为自己造势
树立企业的正面形象
多参加一些社会活动
提升企业形象
多参加行业组织的会议
提升企业的行业地位
加强与其他企业的合作
实现企业间的共赢

二、客户舆论的管控和提升

1. 多和客户互动，主动与客户联系，咨询客户的想法和意见，从而为企业下一步的营销计划提供借鉴。

2. 尊重关心客户，以客户利益为重，和客户保持良好的关系，在稳固老客户的同时积极发展新客户。

3. 以真诚、诚信为基础，为客户提供最贴心的服务，最大可能地满足他们的需求，提高客户满意度。

4. 多组织和客户的活动，不仅有利于加强稳固与客户的关系，形成忠实的客户群体，还能提高企业的声誉，间接扩大客户群。

5. 做好监控工作，一旦发现问题应及时处理，积极解决与客户的矛盾，重新获得客户的支持与信任。

三、员工舆论的管控和提升

1. 领导者应真心尊重关爱员工，并学会在恰当的时候造势，把一件好事进行无限放大，使更多员工感受到公司的善意与关怀。

2. 企业应多开展活动，尤其是家属可以参加的活动，这样的活动不仅能形成与员工及其家属的良好关系，更能使员工家属感受到企业的体贴与人情味，提高他们对企业的舆论评价，从而全力支持员工的工作。

3. 离职员工的舆论评价也会对企业舆论氛围的营造产生较大影响，因此要加强离职员工内部群管控，在辞退员工时也应及时从企业 QQ 群、微信朋友圈等企业公众平台把员工删除。

4. 尽量帮员工解决一些困难，及时为他们排忧解难，促进员工心灵上的成长，为企业良好舆论氛围的营造奠定坚实的群众基础。

客户舆论的管控和提升
多与客户互动
为企业下一步的营销计划提供借鉴
以客户利益为重
维护老客户的同时发展新客户
以真诚、诚信为基础
提升顾客满意度
多组织和客户的活动
提高企业的声誉，间接扩大客户群
积极解决与客户的矛盾
重新获得客户的支持和信任

员工舆论的管控和提升
真心关爱员工
使员工感到企业的善意和关怀
多开展员工家属参加的活动
提高他们对企业的舆论评价
加强离职员工的舆论管控
把离职员工从企业公众平台上删除
及时为员工排忧解难
为企业氛围的营造提供坚实的基础

重点微提醒

内营销策略是指用对待客户的态度对待员工。

在内营销过程中，要充分利用员工的力量提高产品的信誉度。

建立科学合理的内营销机制能为企业的内营销工作打下坚实的基础。

人力内营销能充分调动员工的积极性，发挥员工的特长。

目标内营销能推动员工与企业的共同进步。

舆论内营销应从公司、客户、员工三方面着手，做好管控与提升工作。

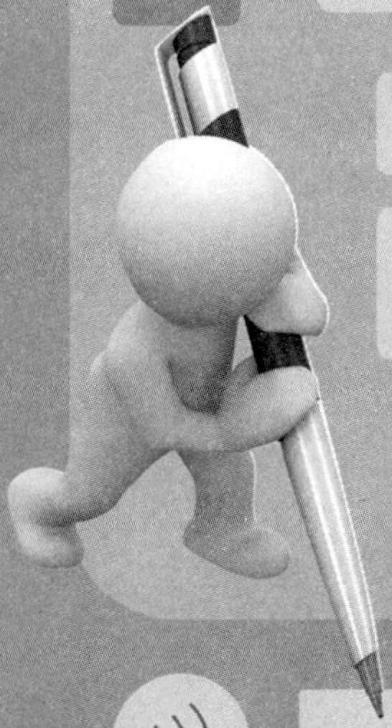

第3节　企业外营销策略

【案例引入】

微信、微博等网络平台带动了微时代的到来，上品折扣紧跟潮流，积极探索除开设实体店以外的营销方式。它在杭州成立了一家微信体验店，这是全国第一家微信体验店。上品折扣在自己的微信体验店内的“虚拟购物墙”和店外的展示橱窗上标明商品和相应的二维码，顾客只需通过扫描商品的二维码便可下单、支付，同时查看物流信息等。除在杭州的这家实体店之外，上品折扣还在杭州的其他人口密集的地方如地铁站、公交站、学校等树立广告牌或张贴海报，顾客通过扫码便可以随时购买中意的商品。上品折扣的微信体验店改变了传统零售百货行业的营销方式，实现了传统销售与互联网先进技术的结合。

上品折扣的微信体验店充分利用微信平台，在给顾客带来便利的同时也实现了多元化的营销方式，为企业提供了新的盈利途径。企业在进行营销时，应学会搭载现代化的新型武器，充分利用网络营销的巨大威力，紧跟网络微营销的热潮，树立企业良好的形象，使企业在市场中获得巨大成功。

企业在进行营销时，应学会搭载现代化的新型武器。

NO1. 传统营销必须要搭载现代化的新型武器

在信息科学技术迅猛发展的现代社会，企业如果想在市场竞争中立于不败之地，就要保障企业产品的销量，稳中有升提高企业利润。企业的传统营销要发挥最大效果，需要搭载现代化的新型武器，与网络营销相结合，规划自己的互联网战略，最大化地发挥传统营销的优势，避免在未来的商业竞争中出局。

据统计，办公室互联网使用率 59%，家庭互联网使用率 76%。2012 年 11 月 11 日支付宝总流水单日交易额 191 亿元，较 2011 年单日 52 亿元增长 267.3%，创造了互联网奇迹；2013 年 11 月 11 日支付宝总流水单日交易额 350.19 亿元，较 2012 年单日 191 亿元增长 83.3%，再一次创造了互联网奇迹。

互联网是个大的媒介，已经覆盖 6 亿用户，而且随着网络的普及、人们教育水平的提高，网络影响的范围会越来越大。网络为企业提供了另一种具有发展潜力的渠道，为企业的发展壮大提供了得天独厚的机会。此外，网络营销有大量应用、多样化的平台可以实现与客户更及时更多元化的沟通。越来越多的企业已经在做网络营销推广，企业只有选择电子商务，借势互联网经济，才能不断地拓展市场，保持良好的发展状态。

视频
营销
图片
营销
论坛
营销
话题
营销
问答
营销
博客
营销
SNS社区
营销
即时通信
营销
新闻
营销
引擎
营销
网络
营销

企业网络营销不是简单地建个企业网站或在搜索引擎上投放广告，它也需要一个科学完善的系统来支撑其发展。

网络营销 = 网 + 络 + 营 + 销。

网 = 平台，指企业进行口碑营销时所利用的网络平台，如企业网站、博客平台、微信平台。

络 = 连接，与潜在客户进行连接，吸引新的客户，建立稳固的客户群。

营 = 运营，从网络营销策略的制定到最后的评估效果，都需要有一套完整系统的操作规范。

销 = 达成销售目标，取得一定效果，它是线上线下默契配合的结果，是各部门的众多员工合作配合的集体力量的结果。

充分发挥网络营销的优势，建设一个营销型网站，让客户能在纷繁复杂的网络信息中找到你。同时网站应展示出客户感兴趣的内容，让客户能在短时间内了解你的优势和特色，标明最清楚的、最方便的联系方式以促成最后的产品成交。

在建立营销型网站的基础上，企业网络营销应在具有较高业务素养的企业骨干的带领下，建立一支优秀的网络营销团队。此外，要加强全员网络营销意识，领导者带头转变观念，把网络营销作为一项重要的工作来抓，提高全员的网络营销技能。在营销过程中，企业应学会顺势经营，借力营销，充分利用网络营销，以较低的成本为企业取得较好的营销效益，促进企业的做大做强。

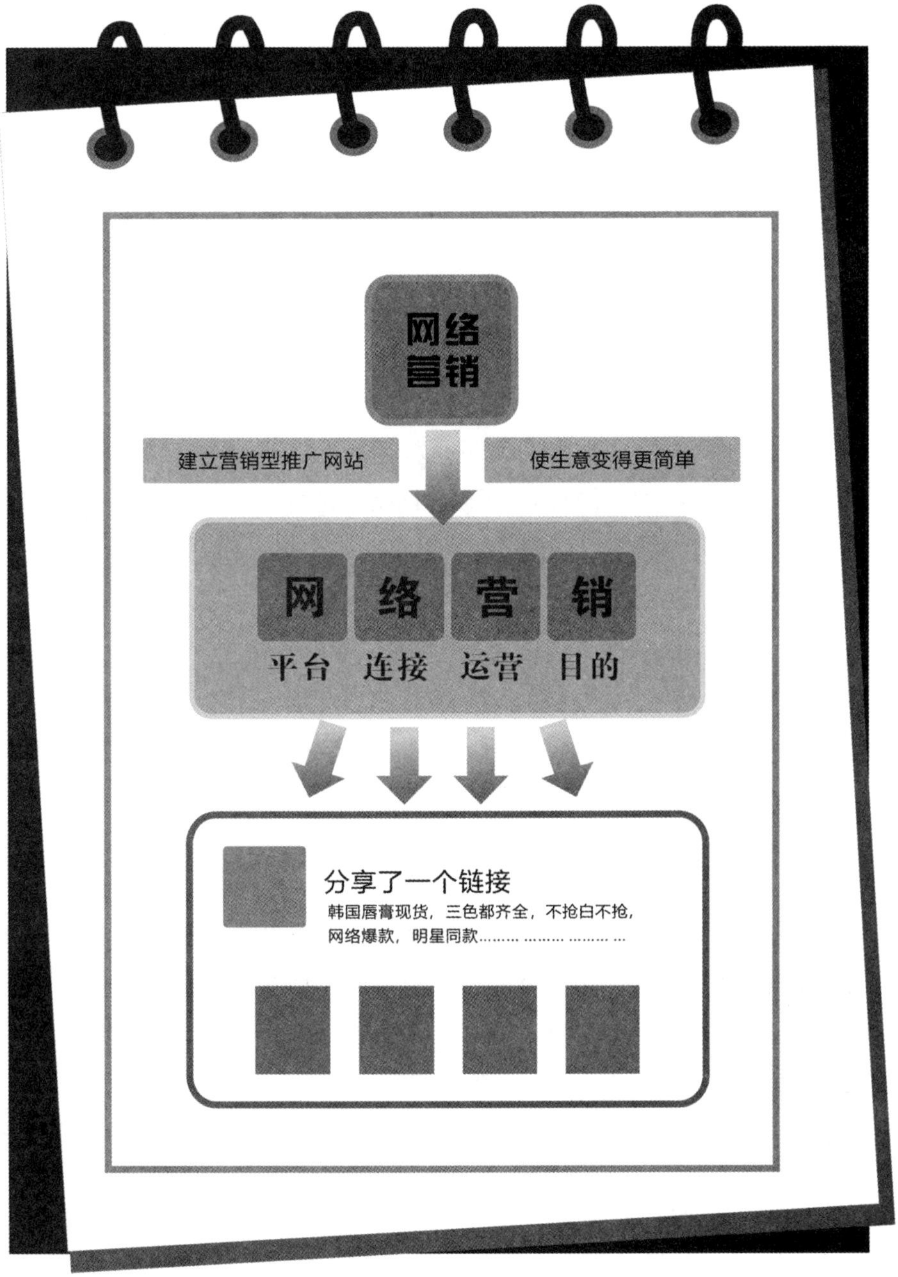
网络
营销
建立营销型推广网站
使生意变得更简单
网
络
营
销
平台
连接
运营
目的
分享了一个链接
韩国唇膏现货，三色都齐全，不抢白不抢，
网络爆款，明星同款……… ……… ……… …

企业应紧跟时代潮流，抓住网络营销的巨大机遇，利用网络平台塑造良好的企业形象，从而为发展品牌战略打下良好的基础。维护良好的企业形象，需要提升企业资本、学会适当炒作、加强口碑营销、充分利用多种营销方式的优势，以提高企业的竞争优势。

一、提升企业资本

要提升形象，首先要自己注重形象，不断完善自身实力以提升企业建立良好形象的资本。提高企业的产品和服务质量是塑造良好企业形象的基础。不能因为产品和质量的问题使企业苦心经营的良好形象毁于一旦。

二、适当炒作

在这个信息爆炸的时代，事件营销是塑造企业形象的一种便捷快速的方式，而网络又是公认最快的传播媒体。所以在网络上进行事件营销，进行适当的企业“炒作”，对提升企业形象具有很好的效果。

三、口碑营销

随着互联网的高速发展，人们交流的方式也发生了变化，利用网络进行口碑营销，是一种既省钱又省时的营销方式。进行网络口碑营销，不仅能扩大企业的知名度，还能拓展产品的客户群。

四、多元化营销方式

企业在进行网络营销塑造企业形象的时候，可以灵活运用多种网络营销方式，充分利用微博、微信、论坛等网络平台，将多种营销手段结合起来，发挥网络媒介的优势，提升企业形象。

企业
形象
口碑营销
多元化营销
提升企业资本
适当炒作

NO2. 网络营销六大策略

网络营销是外营销策略中先进的高效的营销手段，因此做好网络营销对企业的市场发展前景至关重要。在进行网络营销时，应充分应用好定位策略、建设策略、推广策略、信任策略、成交策略及运营管理策略，推动企业营销效果的提升。

一、定位策略

1. 准确的定位是网络营销的基础，定位的准确性决定了营销的成败，因此企业在进行网络营销前，应慎重地制定定位策略。

2. 定位策略是建立在对市场及消费者状况进行分析的基础上的，应充分进行市场调研，考虑到企业自身的实际情况，并且结合网络营销的特色，选择最合适的目标客户群，发挥本企业产品的特色优势，选择恰当的营销手段，有效地实施定位策略。

3. 定位策略是集体智慧的结晶，定位的准确性是以各部门共同协商，得出统一意见为前提的。企业在进行网络营销定位时，可以以其他公司的成功案例作为参考。

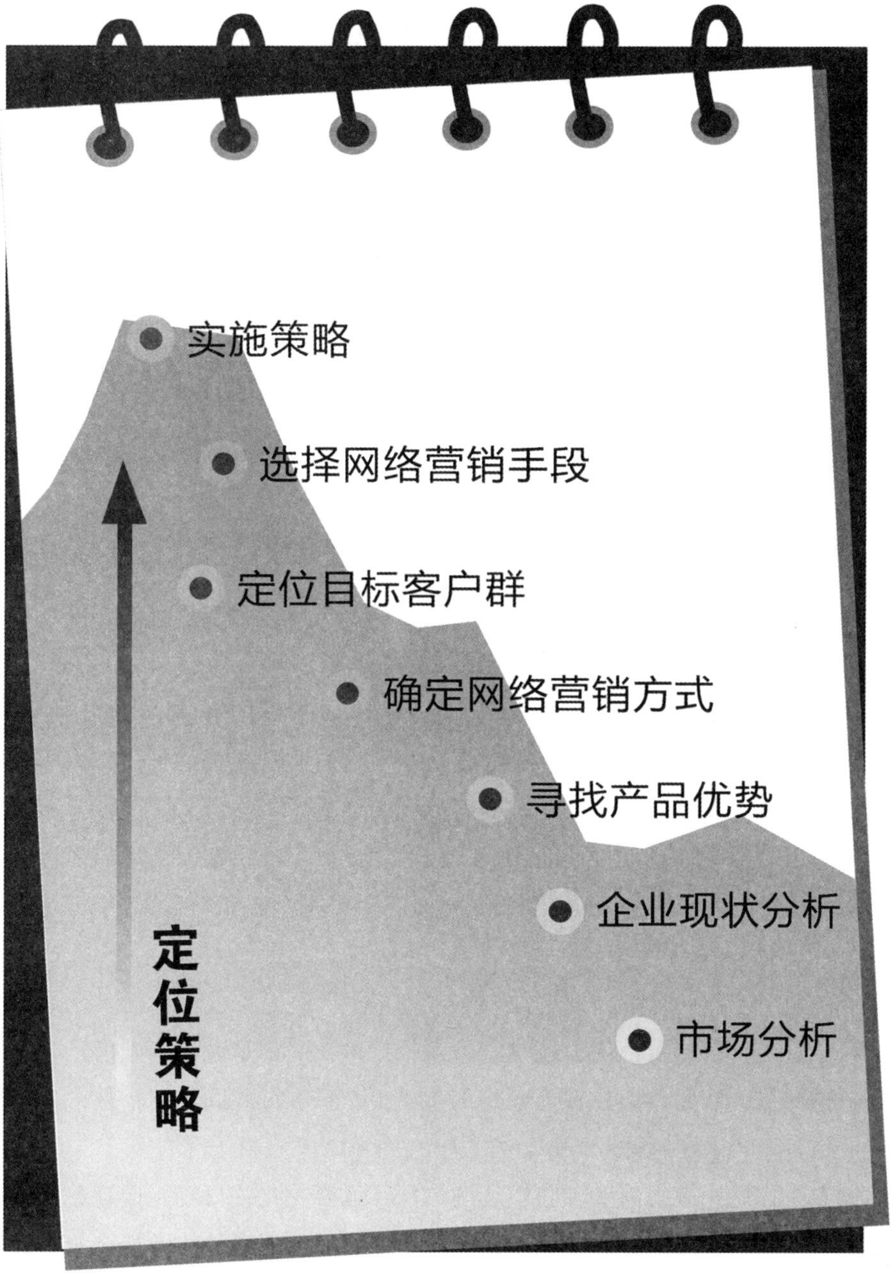
实施策略
选择网络营销手段
定位目标客户群
确定网络营销方式
寻找产品优势
企业现状分析
市场分析
定位策略

二、建设策略

1. 企业在推行网络营销时，应注重建设自己的网络平台，拥有公司独立的网站和论坛等，加大对企业网站的建设力度，并派专人进行实时维护升级，在实施网络营销建设策略时应舍得投入人力物力。

2. 加强网络营销的人才资源建设，培养能力高、技术过硬、业务水平好的网络营销团队，加强对他们的培训与锻炼，使他们成为企业营销环节的骨干力量。

3. 在进行网络营销建设时，应根据企业的客观情况量力而行。网络营销只是企业营销的一种手段，企业不应把所有精力都投入到网络营销建设中，而应做到各种营销方法相结合，把网络营销这一现代化的营销手段与其他传统营销手段相结合，促进企业营销目标的达成。

三、推广策略

1. 充分落实推广策略是实现网络营销目的的重要途径，只有做好网络推广工作，才能真正为企业扩大市场奠定良好的基础。

2. 在进行网络推广时，应依据企业、产品、消费者的具体情况，选择最合适的网络推广平台和推广方式，选准目标群，进行有的放矢的推广，以取得网络营销的最好效果。

3. 在网络上进行产品推广时，应积极利用口碑影响，在网络世界里营造良好的企业舆论，及时回应负面消息和恶意攻击，维护企业和产品的美好形象。

四、信任策略

1. 不管是传统的营销手段还是网络营销，讲究的都是诚信。诚信是企业生存制胜的关键，它是建立在双方互信的基础上，只有彼此间相互信任，才能维持企业与客户间良好的共赢局面。

2. 企业如果想赢得消费者与市场的信任，就要先完善自我，让企业与产品拥有值得信任的资本。提高产品质量、维护企业的良好形象能增加企业的被信任筹码。

3. 在现代化的网络世界里，负面消息远比正面消息传播得更快更远，因此

建设策略
建设网络平台
培养网络营销团队
量力而行
推广策略
选择合适的推广平台
选准目标群
进行有的放矢的推广
营造良好的社会舆论
维护企业和产品的形象
信任策略
诚信营销
完善自我
提高产品质量
维护企业的良好形象

当企业在网络营销的过程中遭遇信任危机时，不应一味推诿逃避责任，而是应公布事情的真相，积极寻求解决途径，重新树立企业的形象。

五、成交策略

1. 网络营销的成交方式与传统营销手段的成交方式不同，企业在进行网络营销时应与高科技手段接轨，采用最便捷最安全的成交方式。

2. 科技给网络成交方式带来便利的同时，也加大了网络成交的风险。企业应注重网络成交的安全性，规避风险，避免企业遭受不必要的损失。

3. 把高科技的网络成交方式与传统的营销成交方式相结合，实现成交方式的多样化，确保交易的安全与便捷。

六、运营管理策略

1. 网络营销的运营管理需要运用先进的运营管理策略，企业应对网络营销进行有效的管理，使其过程更加规范化。

2. 企业网络营销的运营和管理可以借鉴其他成功企业的网络营销经验，学习吸收先进的方法与策略，促进企业网络营销的顺利茁壮发展。

3. 培养全员的网络营销意识，不断对员工进行网络营销方面的培训，提高员工的网络营销的专业素质与技能。全员网络营销意识能为网络营销运营管理提供合适的企业氛围，从而保证运营管理策略的高效性。

成交策略
与高科技手段接轨
规避风险
成交方式多样化
运营管理策略
运用先进的运营管理策略
学习吸收先进的方法与策略
培养全员的网络营销意识

NO3. 微营销

现代社会的发展步伐越来越快，人们的生活节奏也在加快，因此短小简洁的内容、更便捷的网络营销手段深受大众欢迎，随着微博、微信等网络传媒手段的崛起，信息科技的发展也进入微时代，企业应积极顺应这一发展趋势，进行网络微营销，实现企业产品销量的提高。

一、拓展微营销的平台

1. 充分利用微信、微博等网络平台宣传企业的产品，为企业营造良好的网络舆论导向，展示企业正面的形象。

2. 企业要建立微信、微博等公众账号，定期发布、更新企业、产品的最新消息，充分发挥公众账号的作用，不断活跃在大众的视野之中。同时，提倡员工运用个人账号多发布企业的正面消息，扩大企业的影响力。

3. 把网络微营销与传统的影响手段相结合，可以把一些传统的营销平台作为微营销的平台，如在企业的宣传册或企业管理者的名片上印上公司的微信二维码及微博公众账号，在传统的企业营销中添加先进的网络微营销手段。

二、提高微营销的技巧

1. 网络时代也是眼球时代，企业应紧跟时代潮流，进行适当地企业“炒作”，以提高企业的知名度，树立良好的企业形象。

2. 运用先进的微营销技巧，如在标题撰写上下功夫，用标新立异的标题吸引网民，提高网络软文的写作技巧，用更新颖更接地气的网络文案提升企业的影响力等。改善微营销技巧的目的是为企业在网络世界吸引大批粉丝，从而扩大企业的潜在客户群。

3. 定期举行微信、微博活动，提高企业的影响力，还要实现企业与潜在客户的互动。面向企业朋友圈及经常活跃的粉丝群体征求意见和观点，以完善企业的不足之处，改善产品和服务的质量。

拓展微营销的平台

- 利用网络平台展示企业正面形象
- 充分发挥公共账号的作用，扩大企业影响力
- 网络微营销与传统的营销手段相结合

提高微营销的技巧

- 适当“炒作”提升企业的知名度
- 运用先进的微营销技巧吸引网民，扩大客户群
- 定期举行活动，实现企业与潜在客户的互动

重点微提醒

企业的传统营销要发挥最大效果，就要搭载现代化的新型武器，与网络营销相结合。

充分应用好定位策略、建设策略、推广策略、信任策略、成交策略及运营管理策略，能促进网络营销效果的提升。

进行网络微营销，有利于实现企业产品销量的提高。

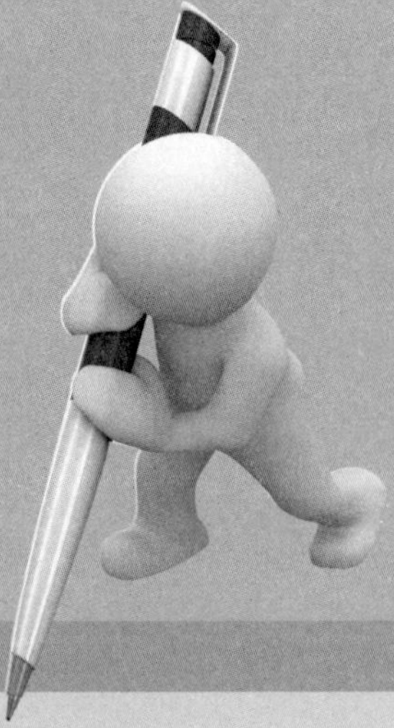

第七章

创新系统

1. 什么是创新?
2. 创新修炼的原始动力
3. 企业创新铁三角
4. 全赢创新九组合

第1节　什么是创新？

【案例引入】

HTC是全世界最具创新精神的公司之一，在业界创造了很多个第一，创新已深深地根植在了它的企业文化之中。2002年推出首款Windows Phone；2008年更是包揽了Android智能手机的排名前五款产品，并推出了世界上第一款4G Wimax智能手机；2010年全球第一款4G Android智能手机也由HTC推出。这些产品的推出使HTC荣膺美国《新闻周刊》评选的“2010年全球十大创新公司”称号，排名仅次于微软、苹果和谷歌。在2011年的举办的“世界移动通信大会”上，HTC获得“2011年最佳手机公司”的称号。

HTC的成功源于它的创新，创新是现代企业在市场竞争中保持不败地位的重要法宝。“创”与“变”是企业创新重要的两方面，创新意味着变化、付出和风险，企业在实施创新战略时，应保持着自信、激情和勇于担当的良好心态。

创新是现代企业在市场竞争中保持**不败地位的重要法宝。**
htc

NO1. 创新的关键在于一个“创”字

在市场经济大潮中，企业如果始终保持一成不变的状态，就会被其他竞争对手赶超，最终惨遭淘汰的命运。创新的关键在于一个“创”字，要以实际行动去体现创新。只有勇于实践、敢于创造，才能使创新落实到实处，真正提高企业的竞争力。

“创”是一种勇于开拓的精神与魄力，更是一种开拓性的行动。企业应培养全员开拓进取、勇敢尝试的精神，激发他们的创新动力，并制定相关的规章制度，提高全员的行动力，把创新意识体现在日常的工作中。即使企业有再宏伟再合理的创新构想，如果不能把它应用到企业的运行中，不能转化为实际的生产力，那么便不算真正落实了创新理念。

企业的创新，唯“创”而立，锐意开拓的高效行动是实现创新的必要途径。

『创』是一种勇于开拓的精神与魄力，
更是一种开拓性的行动。

NO2. 创新的核心在于一个“变”字

企业要真正实现创新，就要有敢于打破旧局面的勇气，进行真正的改变。在日新月异的现代社会，科技发展如此迅速，固步自封、安于现状的人很快便会被其他人赶超。企业的发展更是如此，如果不能根据形势做出迅速改变，将会拖慢企业的前进步伐，给发展道路制造出诸多障碍。

在发展过程中，一些过于陈旧的目标规划、规章制度等可能早已不适应企业的发展，落后的管理制度、管理方法、刻板的团队管理等使企业死气沉沉，丧失了应有的活力。领导者在这个时候就应该有改变的意识与勇气，进行大刀阔斧地改革，从而给企业的发展注入新的活力。“变”可以是根本上的彻底改革，也可以是局部的小调整。完善产品体系，改进生产线，调整工作流程等在某一方面的改变也能给企业带来不可小觑的经济效益。

“变”是企业创新的核心，领导者不仅自身应具有敢于改变的勇气与魄力，还应积极鼓励员工改变自我，为企业的转变进言献策。审时度势，进行适当改变以不断加强自身的实力是企业能立于不败之地的重要保障。

企业要真正实现创新，
就要有敢于打破旧局面的勇气，
进行真正的改变。

“变”可以是根本上的彻底改革，
也可以是局部的小调整。

NO3. 创新意味着：变化、付出、风险

创新能给企业的发展带来无限的活力，是企业不断前进的强劲动力。创新提供了新的发展潜力和发展机会，但它同时也意味着变化、付出和风险。

创新意味着变化，企业创新就是要做出实质性的改变，开创新的发展格局。企业只有做出改变，才能跟得上市场的潮流。创新意味着付出，创新是企业集体智慧的结晶，是全员共同努力的结果。创新需要企业耗费一定的精力，投入相关人力、物力、财力，只有舍得付出，才能收获美丽的结果。创新意味着风险，企业创新是一个不断探索，不断开拓新路程的过程。在这个摸索着前进的过程中，失败在所难免，企业须勇于冒险，有敢于直面风险的自信与资本。

变化、付出和风险都是企业在创新过程中应该考虑的因素，在审时度势、权衡利弊后，企业要选择最符合自己的创新之路，以促发展。

旧局面
创新
风险
失败在所难免，企业需有敢于冒险的自信。
付出
只有舍得付出，才能收获美丽的结果。
变化
只有做出改变，才能跟得上市场的潮流。
开创新格局

NO4. 创新的前提：自信、激情、担当

自信、激情、担当是创新的前提，丧失了自信、激情和担当，企业的创新便失去了活力，会大大降低创新的成效。

在创新过程中，打破固有的旧格局，开创新道路需要有足够的勇气。企业全体成员应有充足的自信去改变现在的状况，对企业的创新战略抱有极大的信心能激发全员的创新热情。激情能提升全员的工作干劲，只有时刻保持着激情，才能保证创新工作的高效进行。有担当是一种大胸怀与大格局，企业的发展需要有这种大气度，既然选择了具有一定风险性的创新之路，就要勇于承担。树立有担当的思想境界，才能从容面对企业创新中的成败，保证企业日常工作的正常进行。

培养所有企业员工的自信与激情，提升思想境界会使他们的精神面貌有很大程度的改观，从而为企业的创新工作提供坚实的人力基础。

激情
创新
自信
担当

NO5. 创新能力测试

以下每题都只有“是”与“否”两种选择，请根据自己的情况如实做出选择：

1. 你喜欢充满挑战与激情的生活。

2. 你对周围的新事物会感到好奇，一旦产生了兴趣就不轻易放弃。

3. 当你用一种方法解决不了问题时，你能很快想出其他的方法。

4. 你能站在多个角度去全面地考虑问题。

5. 你能经常提出一些具有新意的建议。

6. 你有较强的环境适应性，当你处在一个新环境里，你能迅速调整好自己的状态，很快就能融入新环境。

7. 你是个意志坚定的人，不怕面对工作中的失败与困难。

8. 你有很敏锐的观察力，能够主动发现问题。

9. 你能集中全部精力，全神贯注于一件事情。

10. 你能坚持自我，不是特别在意别人对你的评价与看法。

11. 你喜欢探究事情的各种原因。

12. 完成了工作目标后，你会有一种兴奋感和成就感。

13. 你敢于尝试别人都不愿做的极具挑战性的工作。

14. 你做事情前都经过深思熟虑。

15. 相比之下，你更喜欢从事具有创造性的工作。

16. 你善于从别人身上吸取经验和教训。

17. 你觉得自己是潜力股。

18. 对你来说，你更喜欢说服他人接受建议而不是自己接受建议。

19. 你喜欢倾听别人的谈话，从他们的话里找到问题症结。

20. 你从来不迷信权威。

是
or
否

评价：

15~20 题答案选择是，说明你是一个富有创造性的人，你的创新能力很强。

10~15 题答案选是，说明你的创造力一般，你还需继续努力，提升自己的创新能力。

10 题以下答案选是，证明你的创造力较差，你需要转变思维方式，培养创新精神。

重点微提醒

“创”是一种勇于开拓的精神与魄力，更是一种开拓性的行动。

企业要真正实现创新，就要有敢于打破旧局面的勇气，进行真正的改变。

创新提供了新的发展潜力和发展机会，但它同时也意味着变化、付出和风险。

丧失了自信、激情和担当，企业的创新便失去了活力。

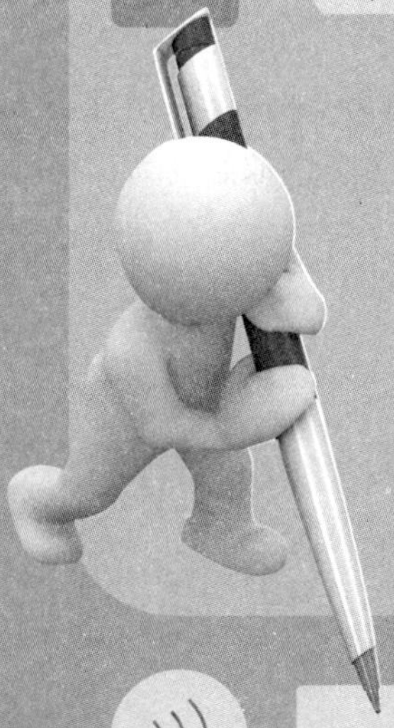

第 2 节　创新修炼的原始动力

【案例引入】

英特尔注重提升员工的探索精神与对新事物的兴趣，使员工成为关注生活、具有创造性思维的人。在英特尔公司里，每隔两年举行一次“创新日”，活动设立冠军提案奖，给予获奖者丰富的物质奖励。“创新日”的设立，激发了全员的创新热情。员工在“创新日”那天，会提出许多富有创造性的建议，建议一旦被采用，就会被应用到英特尔的新产品里，这是一件非常值得员工骄傲的事。

“创新日”不但为英特尔全体员工提供了一个沟通交流的平台，更为英特尔创造了一个激励创新的环境，增加了员工对新事物的兴趣与探索精神，从而为创新工作提供了不竭的动力。企业创新工作需修炼创新的原始动力，提高员工对新事物的好奇心与兴趣，同时保持质疑与探索的精神。加强创新原始动力的修炼，能为企业的创新工作提供不竭动力。

创新原始动力的修炼，
能为企业的创新工作提供不竭动力。

英特尔创新日

NO1. 好奇——好奇害死猫

创新是一种文化，是一种传承，是企业发展动力的源泉。要想创新，必须先具有强烈的好奇心，好奇心能激发人的斗志与激情。企业在日常工作中，应注意尊重并呵护员工的好奇心，给员工创造一个能充分发挥潜能的环境氛围。

具有强烈的好奇心是创新性人才必备的素质，企业要想创新，也需时时刻刻对外界的变化保持着好奇心。但好奇心也要控制在适度的范围内，企业作为一个关系到众多人员利益的经济体，它的每一步探索都要相当谨慎，以保障企业的正常运行。因此，企业不能对什么事都好奇、对什么事都去尝试，这样不仅会浪费大量精力，还不一定能获得良好的效益。

我们思想的发展在某种
意义上常常来源于好奇心。

——爱因斯坦

NO2. 兴趣——对新模式的兴趣

兴趣是指人们力求认识某种事物或从事某项活动的意识倾向。有了好奇心，就会对事物产生浓烈的兴趣，兴趣是创新的源泉。领导者只有对企业发展的新模式感兴趣，才能产生企业创新的动力。企业创新应以企业现状为基础，从已有的企业运行机制和发展模式出发，把对新模式的兴趣与企业的实际运行状况相结合，寻求最适合企业的发展模式。

兴趣与创新是辩证统一的关系，企业只有看到了自己的不足，有想要改变现状不断前进的意识，并对探索新出路发展新模式感兴趣，才能在此基础上实现企业创新工作的发展与飞跃。

NO3. 质疑——对现有模式提出质疑

当企业对现在的运行状况不满意，意识到企业自身问题所在，才会更积极寻求改良的方法去打破旧局面。质疑也是创新修炼的原始动力中的一股强劲力量，领导者应学会反思与思考，审视企业的现有模式，提出新的想法与建议。

对企业的现有模式提出质疑，会给企业创新工作提供新的角度与途径，从而有利于企业探索新的运行、发展模式。改变是在不断的质疑的过程中发生的，质疑能激发企业进行创新，不断寻求完善自身的新模式。

NO4. 探索——对新事物的探索和追求

探索精神是企业创新必备的精神，对新事物不断地探索和追求，能使企业保持着进步状态。企业的创新过程，是不断探索适合自己的发展道路与发展方式的过程，只有经历过一番摸索后，企业才能真正成熟起来，明白什么是最适合自身发展的。

对成功及美好前景的追求是促进企业不断探索的强大精神支持。有梦想有目标才会有行动的动力，企业对自身发展的追求为企业创新创设了良好的契机。在不断探索与追求的过程中，企业创新才会离既定的目标越来越近。

探索精神是企业创新必备的精神，
对新事物的不断探索和追求，能使企业保持着进步的状态。

重点微提醒

具有强烈的好奇心是创新型人才必备的素质。

兴趣是创新的源泉。

质疑能激发企业进行创新，不断寻求完善自身的新模式。

对新事物的不断探索和追求，能使企业保持着进步的状态。

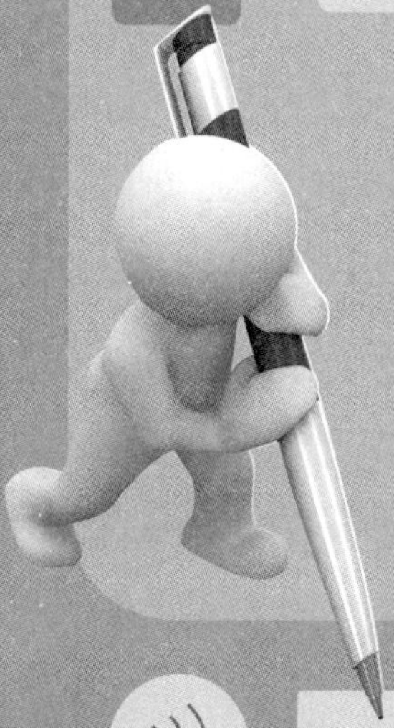

第3节　企业创新铁三角

【案例引入】

在中国家电企业的发展变革中，自主创新无疑是社会关注的最大热点，而核心技术的突破则成为企业赖以发展的命脉。格力集团就是一家自主创新，并掌握核心科技的家电产业巨头。格力前董事长朱江洪认为：一个没有创新的企业，是一个没有灵魂的企业。所以，格力一直致力于创新，在技术创新和研发方面从不设门槛，在经费上也是需要多少就投入多少。在创新文化的影响下，格力已经形成了一套行之有效的科研体系，将技术创新和工业设计整合成一个整体。创新已逐渐成为格力持续快速发展的第一动力。

格力集团的领导者认识到了创新的重要性，在企业里大力提倡创新为核心的企业文化，培养全员创新思维，而且还加大对创新工作的政策扶持力度，为创新工作提供机制保障，从而为企业创新提供了一个良好的大环境，使格力成长为中国家电企业的佼佼者。思维、机制与环境是企业创新的铁三角，企业应从这三方面出发，做好创新工作。

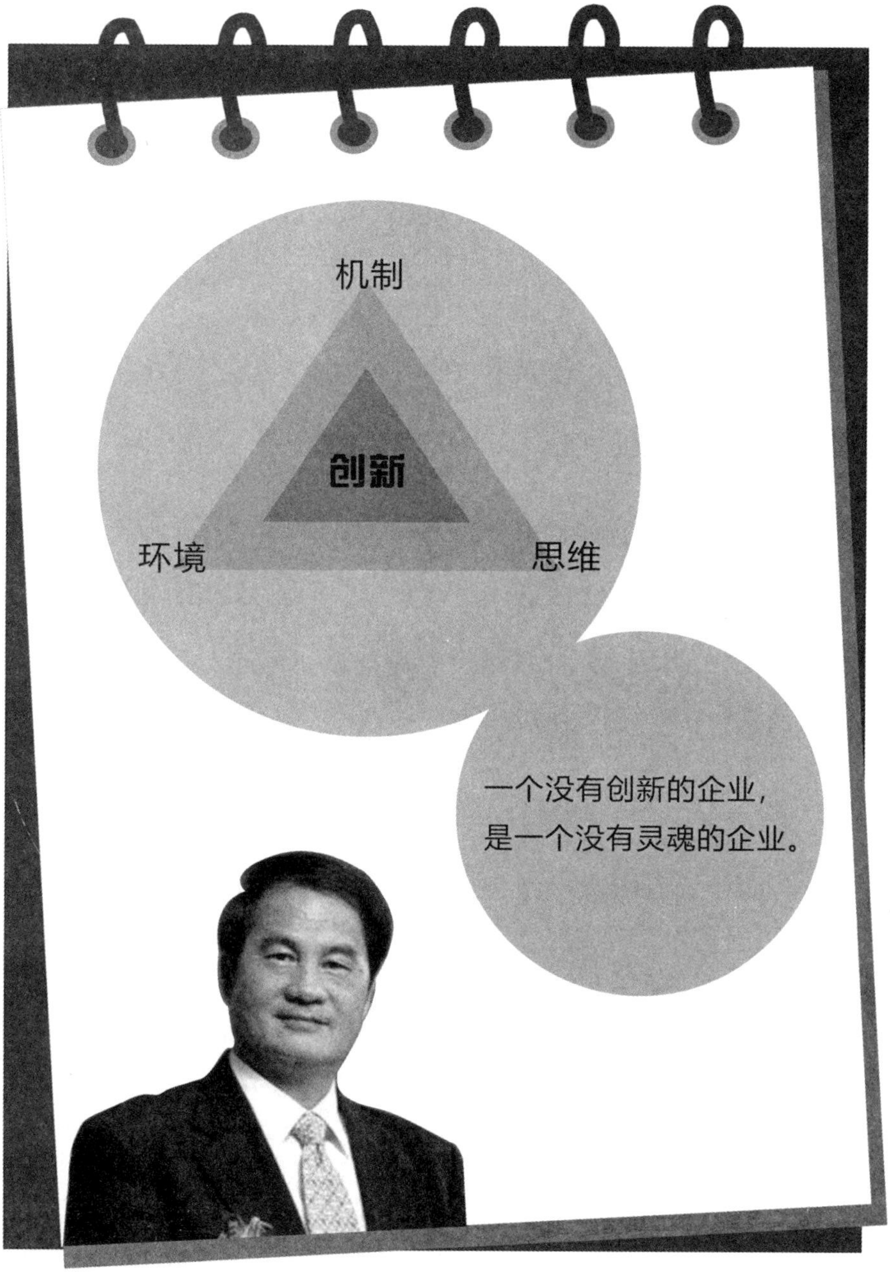
机制
创新
环境
思维
一个没有创新的企业，
是一个没有灵魂的企业。

NO1. 思维修炼：培养和修炼自己的创新思维

要培养具有创造性的人，首先要培养其创新精神。企业进行创新，需树立全员创新意识。只有从根本上转变思维方式，才能为创新打下坚实的基础。思维修炼是一项系统的工程，领导者培养和修炼自己的创新思维，需要培养想象力、改变思维方式、扫除思维障碍，从而形成创新思维。

一、培养想象力

1. 想象力是创新意识的源泉，一个想象力枯竭的人是不具有创造性的，领导者应充分发挥潜能的力量，积极发散思维，保持着丰富的想象力。

2. 丰富的想象力能为领导者提供新的灵感，当领导者在工作中遇到问题或处于瓶颈期时，利用想象力也许能迸发出新的解决途径或方法。

3. 联想能促进想象力的提高，但联想要建立在客观事实的基础上，以客观规律为依据，联想不是漫无目的不着边际的瞎想。

二、改变思维方式

1. 在日常工作中，领导者不能保持一成不变的思维方式，而应主动采取多种思维方式从不同的角度思考问题，思维方式变了，会发现前路变清晰了。

2. 改变思维方式，应打破惯性思维的制约。惯性思维可能是由于性格习惯或环境因素造成的，领导者在思考问题时应尽力摆脱惯性思维的影响，换一个角度去思考问题。

3. 领导者平常应广开言路，积极听取他人的意见，从他人的想法中汲取精华，去补充自己所没有考虑到方面。

三、扫除思维障碍

1. 修炼思维，能在不同形式的思维中进行灵活转换应用，需培养创新意识，扫除思维障碍。进行变通性思维训练是克服思维障碍的有效途径。

2. 积极转变观念，自觉培养创造性意识。创造性思维的形成不是一朝一夕

培养
想象力
改变
思维方式
扫除
思维障碍
形成
创新思维

的事，因此要注意长期的积累与坚持。

3. 扫除思维障碍需要从更全面的角度看问题，把握事情的全局状况，站在一定的高度来寻求事情的解决途径。

NO2. 机制设计：拥有创新的机制

企业进行创新，需要先创设一个良好的环境，建立一套适合创新的机制，为企业的良好发展提供依据。科学合理的创新运行机制，能为企业的创新活动提供正确的指导与决策，使企业活动得以持续不断地高效率地运行。建立创新的机制，需要以客观事实情况为基础，切实保障推动企业的创新活动。创新的机制，必定也是充满人性化的具有灵活性的机制。

一、以客观事实为基础

1. 套机制无论多么具有创新性和先进性，它都应建立在尊重客观事实的基础上，要符合企业、市场的实际发展情况。

2. 根据企业的客观情况，制定相关的奖励政策，鼓励员工进行创新，培养员工的创新意识。

二、为创新提供保障

1. 把鼓励创新、提高全员创新意识等内容作为机制的一部分，为企业的创新活动提供制度性保障。

2. 创新的机制需把创新工作作为企业运行过程中的一个重要环节，指导企业的创新活动。

三、具有灵活性

1. 套创新的机制需具有灵活性，能紧跟市场潮流及消费者心理变化，给企业的创新留有宽松的余地。

2. 尊重鼓励员工的创新精神，充满人性化的机制能提升全员参与创新的热情，为企业的创新提供不竭的支持。

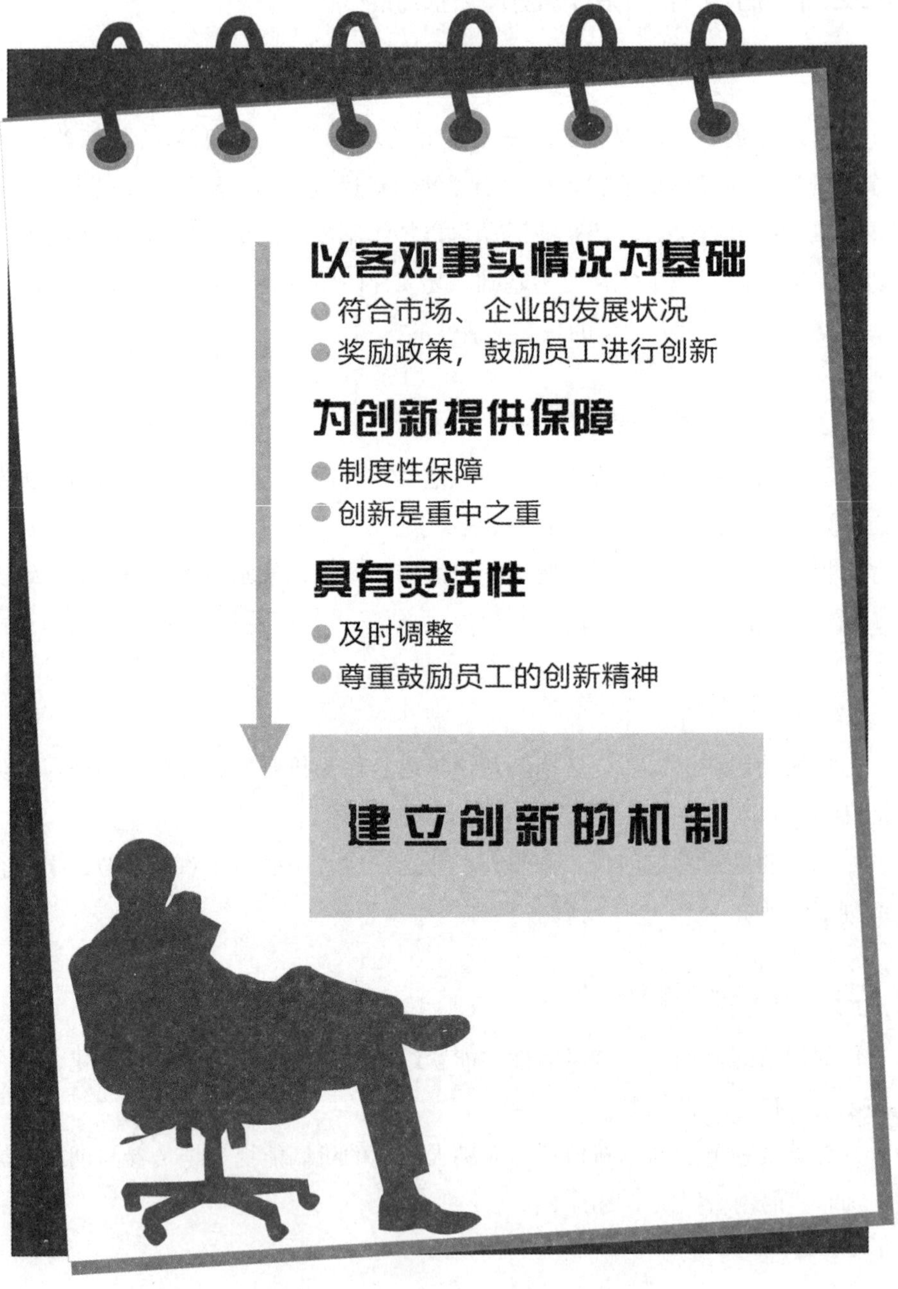
以客观事实情况为基础
符合市场、企业的发展状况
奖励政策，鼓励员工进行创新
为创新提供保障
制度性保障
创新是重中之重
具有灵活性
及时调整
尊重鼓励员工的创新精神
建立创新的机制

NO3. 环境营建：营造创新的土壤

为企业的创新活动创造一个适宜的环境，能使创新工作进展得更顺利，并取得事半功倍的效果。领导者做好榜样示范作用和建立正向激励的环境，能为企业创新提供肥沃的土壤，促进其茁壮发展。

一、领导者榜样示范

1. 领导者是企业的核心力量，因此在企业创新中，领导者更要发挥榜样示范作用，做一个富有创造力的人，利用自身的正能量场去影响员工。

2. 领导者应建立创新思维方式，勇于开拓善于创新，用自己的实际言行去感染员工。

3. 领导者在企业的创新活动中要始终保持领头羊的地位，冲在企业创新的最前线，这样才能带领企业和全体员工走上创新之路。

二、建立正向激励的环境

1. 在企业中提倡并培养全员的创新意识，为企业的创新营造良好的环境氛围。

2. 积极鼓励员工进行创新，对员工的创新性提议予以肯定，以“荣”文化为导向，建立正向激励的环境。

3. 把企业建设成为一个充满创新活力的正能量场，在这种正面环境的影响下，企业的创新之路一定会越走越顺利。

创新
领导榜样示范
建立正向激励的环境
发挥正能量场作用
勇于开拓善于创新
企业创新的领头羊
培养全员创新意识
鼓励员工创新精神
建立企业正能量场

重点微提醒

企业进行创新，需树立全员创新意识，培养创新精神。

科学合理的创新运行机制，能为企业的创新活动提供正确的指导与决策。

为企业的创新活动创造一个适宜的环境，能使创新工作进展得更顺利。

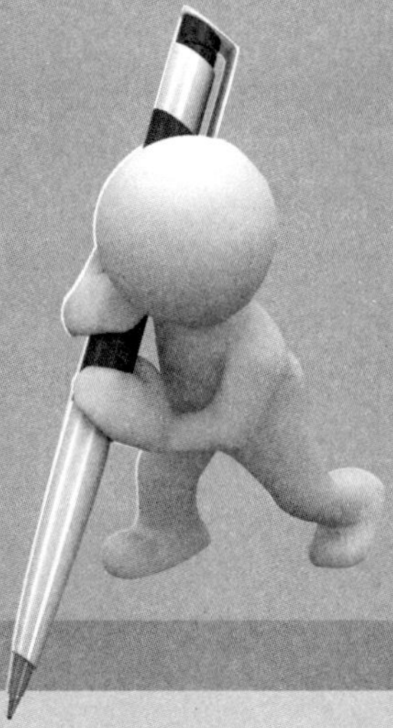

第4节　全赢创新九组合

【案例引入】

乔布斯有句经典名言：领袖和跟风者的区别就在于是否创新。对于苹果公司来说，创新几乎成了苹果的代名词。2010年，人们对手机的需求早已经不局限于打电话和接发短信了，更多在于手机的娱乐性和外观。苹果在充分调查了市场之后，由乔布斯带头设计研发出了革命性的iPhone4。它突破了人们对手机的认知，出色的工业设计更是让它成为了艺术品。在iPhone4推向市场后，北京甚至出现了万人空巷排队购买的盛况。

苹果手机的成功源于它的创新。企业的创新应从多方面入手，尝试各种创新方式，提升企业创新水平。常用的创新方式包括开拓式创新、升级式创新、差异化创新、组合式创新、移植式创新、精神式创新、破坏式创新、微创新以及跨界创新。

领袖和跟风者的区别就在于是否创新。
——史蒂芬·乔布斯

NO1. 开拓式创新：天才人物的灵光乍现

开拓式创新具有一定的偶然性，是最有难度的一种创新，这种创新以天才人物偶然的灵感为契机，创造出全新的事物，能对社会的发展产生深远的影响。企业进行开拓式创新需充分挖掘并培养用户的潜在需求，加强替代产品的研发，占领某一领域的空白点。企业如果进行了开拓式创新，便会给整个行业带来巨大的影响。

NO2. 升级式创新：善于发现别人的创新

升级式创新起到了完善产品、降低门槛的作用。企业应积极学习吸收别人的创新之处，完善产品体系和性能以更符合消费者的消费需求，从而获得市场青睐。企业懂得升级式创新，可以省去一些不必要的摸索过程，有利于借助别人的研发成果提升自身的实力，实现企业的快速成长。

NO3. 差异化创新：由消费者驱动的创新模式

差异化创新是一种由消费者驱动的最常见的创新模式，企业应善于发现未曾注意到的消费群体和产品的不足之处，不断完善产品，以满足新的消费需求，吸引新的客户。差异式创新可以让企业寻求新的消费群体，从而避开行业的残酷竞争，获得差异化成果。

开拓式创新
应发掘培养用户的潜在需求
加强替代产品的研发
占领某一领域的空白点
升级式创新
应积极学习吸收别人的创新之处
完善产品体系和性能
差异化创新
应善于发现未曾注意到的消费群体
不断完善产品
吸引新的客户

NO4. 组合式创新：对新需求的敏锐洞察

组合式创新依赖的不是技术的进步，而是靠对新需求的敏锐洞察。组合式创新要求企业具有一定的洞察力和组合产品的能力，善于将产品进行优化组合以产生新的功能，用以满足消费者的多种使用需求。组合式创新能提高企业产品的竞争力，形成独有的产品特色。

NO5. 移植式创新：对商业模式本质的理解

移植式创新就是把在 A 领域所使用的技术或模式，移植到 B 领域，从而创造出新的产品或模式。企业的移植性创新是建立在对商业模式本质的理解基础上，它可以先以低价策略占领市场，然后再开发出配套产品，通过提高客户的重复购买量来增加企业的利润。移植式创新能让企业赢得市场份额的同时获取可观的利益。

NO6. 精神式创新：取得人们在精神层面的共鸣

精神式创新是指通过取得人们在情感、文化、价值观层面的共鸣来实现创新。企业进行精神式创新应做到赋予产品正面积极向上的价值主张，抓住消费者心理，并使消费者认同并接受自己的产品所传达出的价值理念。一旦消费者接受了产品的价值主张，那么他就会成为企业的忠实客户，并且还会将这种价值主张传递给周围的人。这种精神式创新不仅能提高企业的知名度，还能拓展消费群体，增加销量。

组合式创新
对新需求的敏锐洞察
有一定的洞察力
组合产品的能力
移植式创新
对商业模式本质的理解
先以低价策略占领市场
再开发出配套产品
精神式创新
赋予产品正面的价值主张
抓住消费者心理

NO7. 破坏式创新：发现和制定消费者喜欢的新的规则

破坏式创新是指行业的新进入者制定新的、带有破坏性的行业规则，然后把竞争对手拉到和他一样的水平线上，再用他的经验打败对手。破坏式创新需要企业能发现行业先进入者的缺陷，用自己的优势来击败先进入者的缺陷，并且善于发现和制定消费者喜欢的新行业规则。破坏式创新无须费心费力培养客户群，便能直接从行业先入者手中抢夺到大批客户，从而在市场中占领一席之地。

NO8. 微创新：抓住消费者细小的需求点

微创新是指企业在细微处的小创新。微创新需要企业善于抓住消费者细小的需求点，并能发现和完善现有产品细微的缺陷，它可以体现在企业运行过程中的很多方面。微创新通过对企业的某个环节或某个方面的微小调整，实现企业的完善，促进企业的发展。

NO9. 跨界创新：善于发现跨界资源

跨界创新是指从一个领域进入另一个领域的创新。跨界创新需要企业具备胆大心细、敢于进行跨界创新的胸怀和善于发现跨界资源的眼光。跨界创新能使企业获得更大的市场，取得更快的发展。

破坏式创新
发现行业先进入者的缺陷
用优势来击败先进入者的缺陷
发现和制定新的行业规则
微创新
抓住消费者细小的需求点
完善现有产品细微的缺陷
跨界创新
企业要具备跨界创新的胸怀
善于发现跨界资源
要有跨界的眼光

重点微提醒

创新有多种新式，企业应积极寻求多种创新途径。

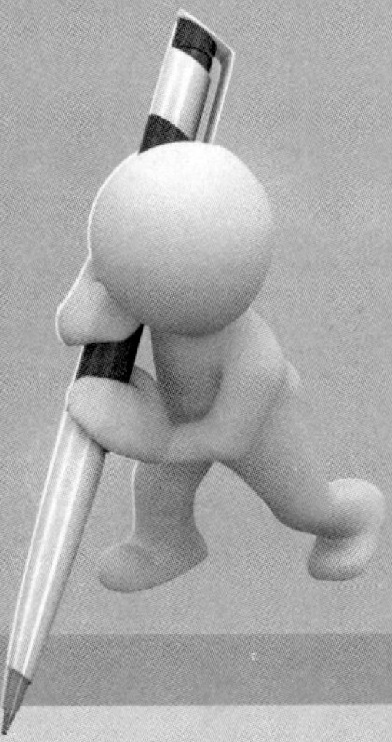

第八章

资本系统

1.“资本”是企业金融运作的核心要求

2. 股权激励

第1节 “资本”是企业金融运作的核心要求

【案例引入】

2006年7月30日，中国国际航空公司（简称国航）发布招股说明书，预计发行27亿股A股，其余的部分以50%网下配售，50%网上的形式发行。战略配售部分锁定期为18个月，网下配售部分锁定期为3个月。然而，却只有36家机构的投资者向公司递交了申购表，其中有效的只有27张，申购总量4.695亿股，与原计划网下配售的11.75亿股相比，缩水超过60%。网下配售的糟糕情况使国航不得不采取紧急措施，将在网上的发行规模缩减为16.39亿股，这在国内证券市场尚属首例。最终，国航这个措施有惊无险的挽救了自己。其A股20倍的超额认购和5.33%的中签率均创下新股发行纪录。

中国国际航空公司通过发行股票，为企业的发展筹集到了更多的资金。现代社会已进入资本时代，“资本”是企业金融运作的核心要求，企业应根据自身情况，积极寻求上市机遇，使企业的发展实现质的飞跃。

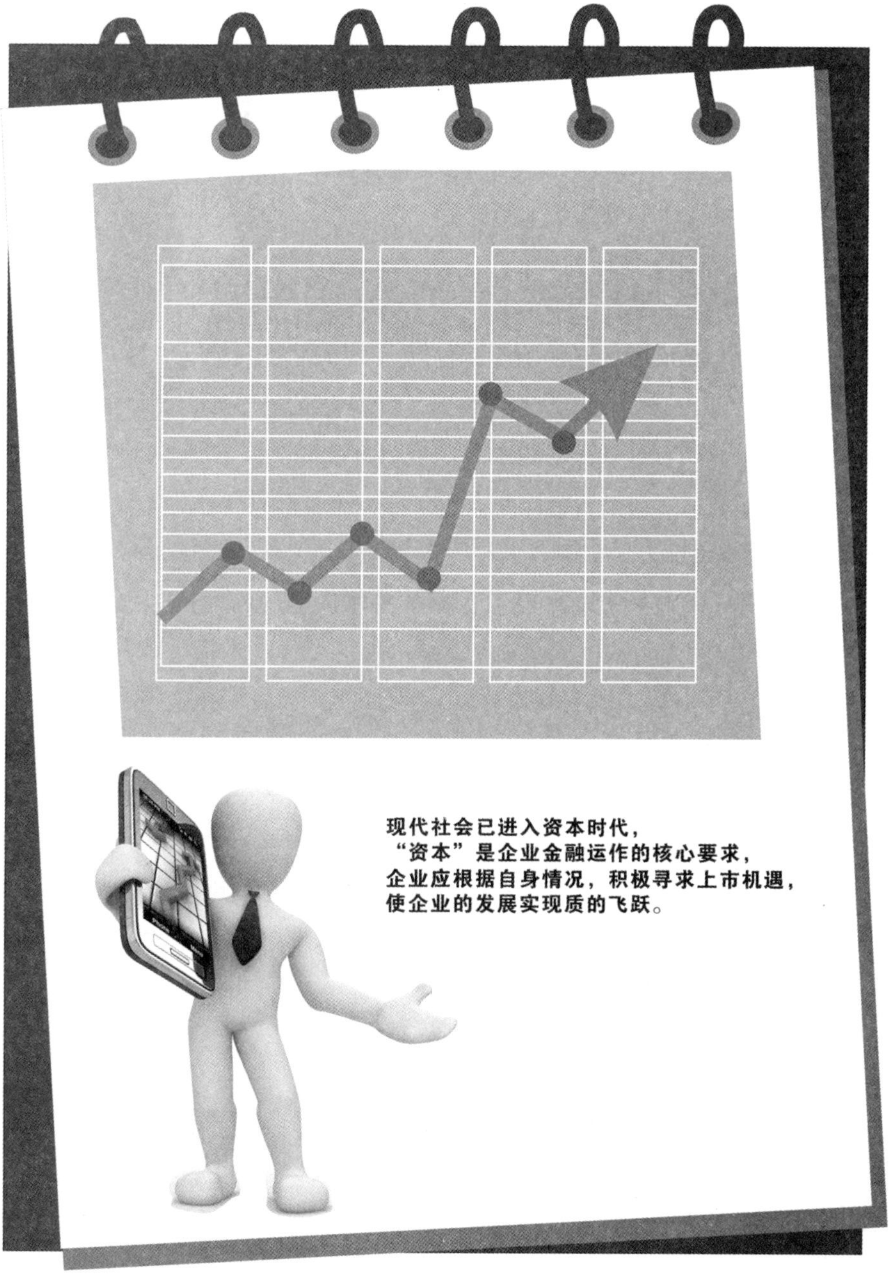
现代社会已进入资本时代，
“资本”是企业金融运作的核心要求，
企业应根据自身情况，积极寻求上市机遇，
使企业的发展实现质的飞跃。

NO1. 内部资本和外部资本

在竞争日益激烈的市场经济催化下，中国已进入资本大时代，企业应抓住这个良好机遇，充分发挥资本优势，利用资本资源，提升企业的核心竞争力。资本系统包括内部资本和外部资本两部分。

一、内部资本

（一）货币资本

货币资本是指以货币形式存在的资本，它除了包括企业自身所拥有的现金和银行存款外，还包括其他以货币为具体形态形成的资本，如企业的流动资产、应收账款、短期负债、长期负债以及企业所持有的股票和债券。

（二）实物资本

实物资本是一种能看得见摸得着的具体的物质化的资本，它是企业所拥有的和进行生产经营活动所投入的物质资源，包括企业的产品、库存和不动产，以及企业正常运行必须要进行投入的办公用品、生产设备、办公场地和原材料。

（三）无形资本

无形资本是企业的软实力，是企业在发展过程中形成的具有强大增值功能的一种特殊资本形态。它包括企业自身所拥有的管理能力、企业文化，以及能体现企业竞争力的专利、商标及专有技术。此外，客户的忠诚度也是企业的一种重要的无形资本。

二、外部资本

外部资本是相对于内部资本而言的。在外部环境里，能给企业带来增资收益且能为企业所用，对企业的运行发展有影响的资本就是外部资本。政府机关、其他有合作关系的企业、客户以及各类市场信息等都是外部资本的重要组成部分。企业应充分利用外部资本获得预期收益，实现企业的发展。

内部
资本
无形
货币
实物
外部
资本

NO2. 构建资本流通的循环系统——资本拆分的魔术师

企业系统、流通系统及影响力系统是构建资本流通的三大循环系统。通过这三大系统的循环及相互影响相互作用，能实现企业内部资本与外部资本的流通并促进企业资本的快速扩张。

企业系统把内部、外部资本组成一个完整的资本系统，是企业资本运作的基础。流通系统是资本分拆的重要系统，能为资本流通和互动提供平台，从而创造大量价值。影响力系统以企业所具备的公众影响力为基础，是推动企业成为行业佼佼者的重要系统，保证企业在市场竞争中立于不败之地。

在三大循环系统的作用下，企业资本通过自身的系统和其他的公司系统之间进行流通，从而实现大系统资本的提升，并进一步增强企业实力。

企业
系统
流通
系统
影响力
系统

NO3. 企业融资的二十四式

企业融资是指以企业为主体融通资金，它是企业借助外部力量巩固自身实力的重要途径，能为企业的发展提供保障。充分学习利用企业融资的二十四式，能使企业的融资工作更加顺利。

第一式：应收、应付账款融资——指企业以自己的应收、应付账款转让给银行并申请贷款。

第二式：资产典当融资——指中小企业在短期资金需求中利用典当行救急的特点，以质押或抵押的方式，从典当行获得资金的一种快速、便捷的融资方式。

第三式：企业债券融资——属于直接融资，需要资金的部门直接到市场上融资，借贷双方存在直接的对应关系。

第四式：存货质押融资——企业将拥有的存货做质物，向资金提供企业（即贷方）出质，同时将质物转交给具有合法保管存货资格的物流企业（中介方）进行保管，以获得贷方贷款的业务活动，是物流企业参与下的动产质押业务。

第五式：租赁融资（大型设备）——指实质上转移与资产所有权有关的全部或绝大部分风险和报酬的租赁。

第六式：不动产抵押融资——将企业不动产作为抵押物进行的融资。

第七式：有价证券抵押贷款——将有价证券作为抵押物进行贷款融资。

第八式：经营性贷款——以中小企业主或个体工商户为服务对象的融资产品，借款人可以通过房产抵押等担保方式获得银行贷款。

第九式：专利融资——以专利作为资本进行融资。

第十式：预期收益融资——用企业未来的预期收益进行融资。

第十一式：个人信用贷款——用个人良好的信用进行贷款融资。

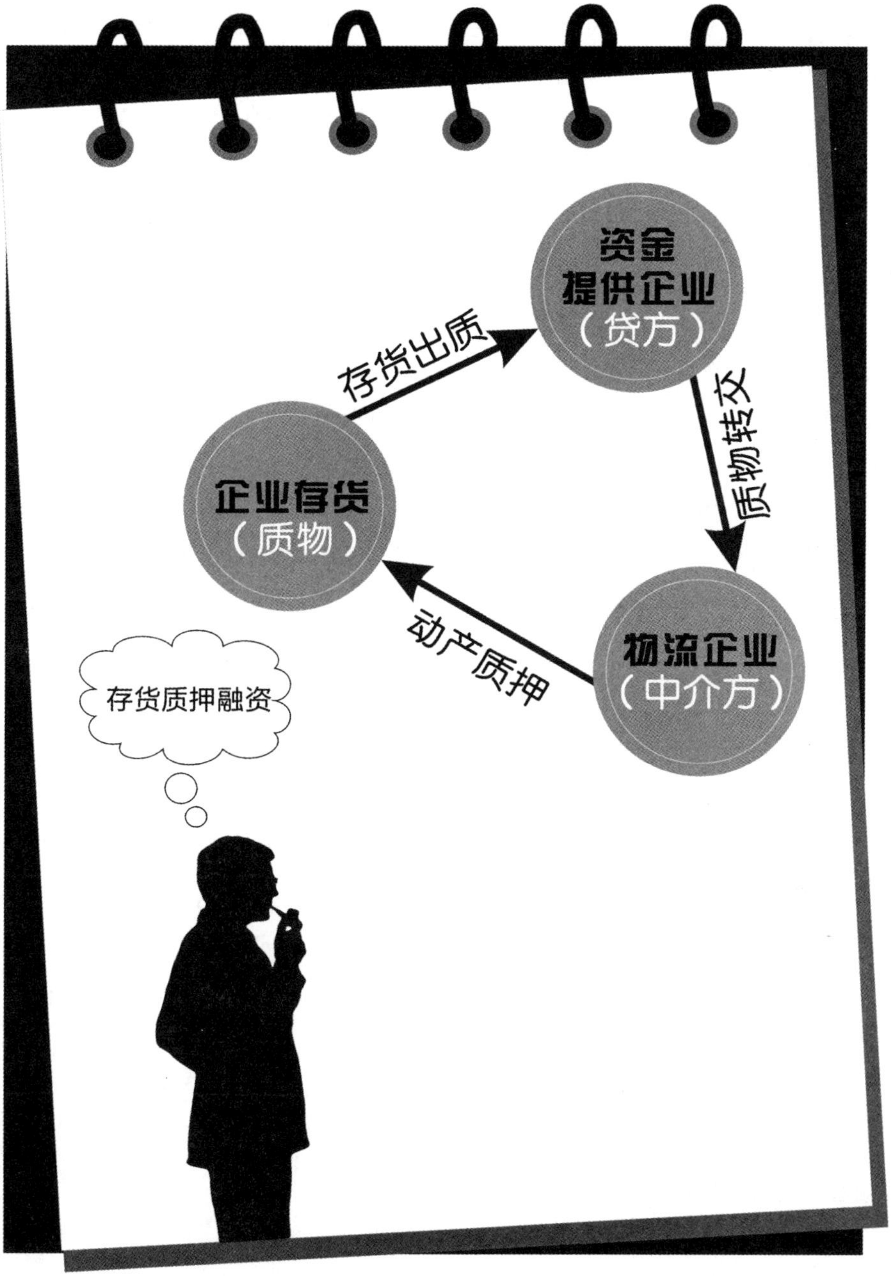
资金
提供企业
（贷方）
存货出质
质物转交
企业存货
（质物）
动产质押
物流企业
（中介方）
存货质押融资

第十二式：民间借款融资——指出资人与受资人之间，在国家法定金融机构之外，以取得高额利息与取得资金使用权并支付约定利息为目的而采用民间借贷、民间票据融资、民间有价证券融资和社会集资等形式暂时改变资金使用权的金融行为。

第十三式：应收货款预期融资——指企业以自己的应收货款转让给银行并申请贷款。

第十四式：BOT 项目融资——BOT 融资模式是项目融资的诸多方式中的一种，在我国又被称作特许权投融资方式。

第十五式：资产流动性融资——企业通过资产流动性进行融资。资产流动性是指及时满足各种资金需要和收回资金的能力。

第十六式：产权交易融资——指资产以商品的形式作价交易的一种融资模式。

第十七式：借壳上市融资——指一间私人公司通过把资产注入一间市值较低的已上市公司，得到该公司一定程度的控股权，利用其上市公司地位，使母公司的资产得以上市，以此来融资。

第十八式：股权转让融资——指企业的股东愿意让出部分企业所有权，通过引进新的股东使企业增资的方式的融资方式。

第十九式：增资扩股融资——指企业向社会募集股份、发行股票、新股东投资入股或原股东增加投资扩大股权，从而增加企业的资本金。

第二十式：私募股权融资——指通过私募形式对私有企业，即非上市企业进行的权益性投资，在交易实施过程中附带考虑了将来的退出机制，即通过上市、并购或管理层回购等方式，出售持股获利。

第二十一式：私募债券融资——不通过证券市场交易而是通过私募债券的形式进行的融资。

第二十二式：上市融资——企业通过上市进行融资。

第二十三式：股权质押、置换融资——用股票等有价证券提供质押担保获得融通资金的一种方式。

第二十四式：资产信托融资——通过金融机构的媒介，由信托公司向最后贷款人进行贷款的融资活动。

贷款人
(企业)
资产信托融资
金融机构
(媒介)
信托公司

NO4. 企业上市途径

企业上市不仅能提高企业的知名度，还能为企业的发展提供大量外部资本，使企业在市场竞争中更具有竞争力。企业实现上市需加强自身实力的建设、调整优化资源并严格按照上市步骤行事。

一、加强自身实力建设

1. 及时了解市场动态和国家法律法规，大力发展符合市场趋势及国家扶持的新型产品，完善企业的产品系统。

2. 积极进行企业创新，争取获得高新技术企业所拥有的称号或荣誉，赢得政府的好感与支持。

3. 通过有效的手段提升企业的运营状况，增加企业的利润，使企业的财务指标达到上市企业标准。

二、调整优化资源

1. 上市前要确定上市的主体，确定企业公司架构及股份设计，实现股权结构、企业资产的重组。

2. 依据企业的实际情况，整合优化资源，实现业务的重组，以提高企业的业绩。

3. 资源的优化配置要以市场和社会的可持续发展为基础，利用市场的调节作用提高经济效益。

三、严格按照上市步骤进行

1. 了解国家关于上市的政策和法律法规，严格按照国内上市程序进行上市规划，实现企业上市工作的稳步发展。

2. 组建专业的团队为企业的上市出谋划策，打点相关上市事务。

3. 在上市筹建过程中要与政府处好关系，获得政府的大力支持。

严格按照上市步骤进行
严格按照上市程序进行上市规划
组建专业的团队
获得政府的大力支持
调整优化资源
实现股权结构、企业资产的重组
提高企业的业绩
利用市场的调节作用提高经济效益
加强自身实力建设
及时了解市场动态和国家法律法规
赢得政府的好感与支持
使企业的财物指标达到上市标准

NO5. VC 和 PE

VC 指风险投资，它存在高风险的同时，也具有高收益的潜力。广义的风险投资是指具有高风险的投资。风险投资是由资金、技术、管理、专业人才和市场机会等要素所共同组成的投资活动。

VC 一般是投资具有发展潜力的高新技术企业。企业在进行风险投资时，应主动寻找投资机会，慎重选择投资对象。在经过深入仔细地市场调研与风险评估后，对投资项目的产品与技术、财务经营状况等方面进行全方位分析，以做出恰当的投资决定。同时企业在进行风险投资时，可以寻求共同出资的合作伙伴，以分散风险，实现互惠互利。

PE 指私募股权投资，它是通过私募形式募集资金对私有企业进行的权益性投资，PE 一般注重投资高成长性的、处于扩张期的非上市企业。

PE 主要通过非公开方式募集资金且资金来源方式广泛灵活，可以是个人资金、风险基金、保险公司等。它投资期限较长，且很少投资已上市的企业。

VC
高风险、高收益
具有发展潜力的高新技术企业
主动寻找投资机会
慎重选择投资对象
市场调研
风险评估
对投资项目全方位的分析
寻求合作伙伴
投资期限较长
非上市企业
高成长性、处于扩张期
非公开式募集资金
PE

NO6. 互联网金融

互联网金融与传统金融的媒介不同，它是传统金融行业与先进的互联网信息技术结合的新兴金融，它依托于社交网络、搜索引擎等互联网平台，以实现资金流通和信息交换等业务。互联网金融比传统金融具有更高的透明度与参与度，它不是互联网与金融业的机械结合，而是建立在更安全更便捷的网络技术水平上，降低了中间成本，并且为用户带来了便利的体验。

互联网覆盖的信息范围更广，能为企业提供大量的信息。企业可以在这种开放的平台上快速获得大量有用的信息资源。在互联网金融中，无传统中介及高额的中介交易成本，它是双方通过网络平台自行完成的交易活动。

互联网金融依托信息网络技术，操作流程完全标准化，在交易时不拘于时间和地点的限制，给用户节省了时间。但由于互联网的相关制度还不完善，互联网金融也具有一定的风险性，因此企业在进行互联网金融交易时应注重安全性，避免企业遭受不必要的损失。

重点微提醒

资本系统包括内部资本和外部资本。

企业系统、流通系统及影响力系统是构建资本流通的三大循环系统。

利用企业融资的二十四式能使企业的融资工作更加顺利。

企业实现上市需加强自身实力的建设，调整优化资源并严格按照上市步骤行事。

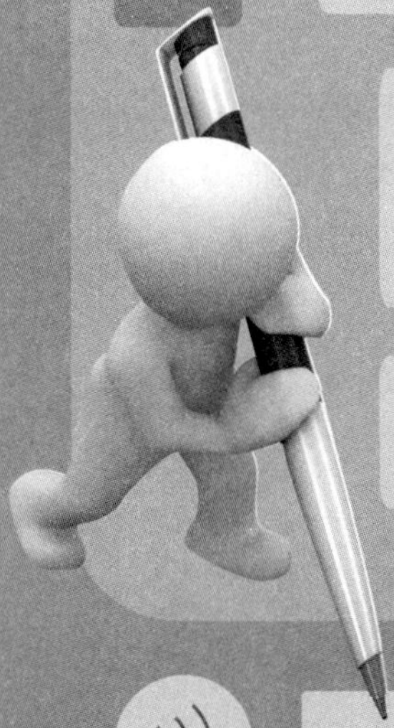

VC指风险投资，投资具有发展潜力的高新技术企业；PE指私募股权投资，注重投资高成长性的、处于扩张期的非上市企业。

互联网金融是传统金融行业与互联网信息技术结合的新兴金融体系。

第2节 股权激励

【案例引入】

海信集团在2000年初就开始研究能长期连续不断地发挥作用的激励机制。2001年，海信集团开始实行股权激励试点方案，联合周厚健、于淑珉等7名自然人发起设立了海信电子，当时公司的注册资本为1.24亿元，其中海信集团持股85.79%，7名自然人持股14.21%。这种股权激励分担了企业的风险，还提高了员工的工作积极性。在2008年金融危机时，海信业绩仍然同比增长了10.8%，这个数据在经济萧条的大环境下十分耀眼。

海信实行股权激励的机制，使员工获得收益的同时也分散了企业资本运作的风险。股权激励是上市企业中一种常用的激励方式，能在一定程度上分散企业的风险，它是通过给予员工一定的股权，使员工获得经济收益的同时还能提升其在企业中的地位，从而促进员工积极性的提高。

股权激励

通过给予员工一定的股权，
使员工获得经济收益的同时
提升其在企业中的地位，
从而促进员工积极性的提高。

NO1. 股权的构成

股权构成是指在股份公司的总股本中，不同性质的股份所占的比例及其相互关系。股权是权利与义务，利益与责任的统一，它是股票持有者按照自己的股票比例享有的相应权益，并且承担相应责任。

股权构成是上市公司治理结构的基础，它对企业的发展具有十分重要的意义。因为股权构成决定了企业的行为和绩效，所以企业在确定股权构成时，不应把所有股权均等分配，而应分清大小股，形成有层次的股权结构。

这种区分大小股东的股权构成能使大股东保持着对企业的绝对控制权，有利于保持领导者的权威地位，以免造成权力均等，导致管理混乱的局面。大股东掌握对企业的较大控制权的同时也承担着更多的责任与风险，小股东则承担着较小的风险。企业在决定股权构成时，应充分权衡利弊，在有利于企业发展的前提下，充分保障股东的利益，实现股东间的团结与融洽的关系。

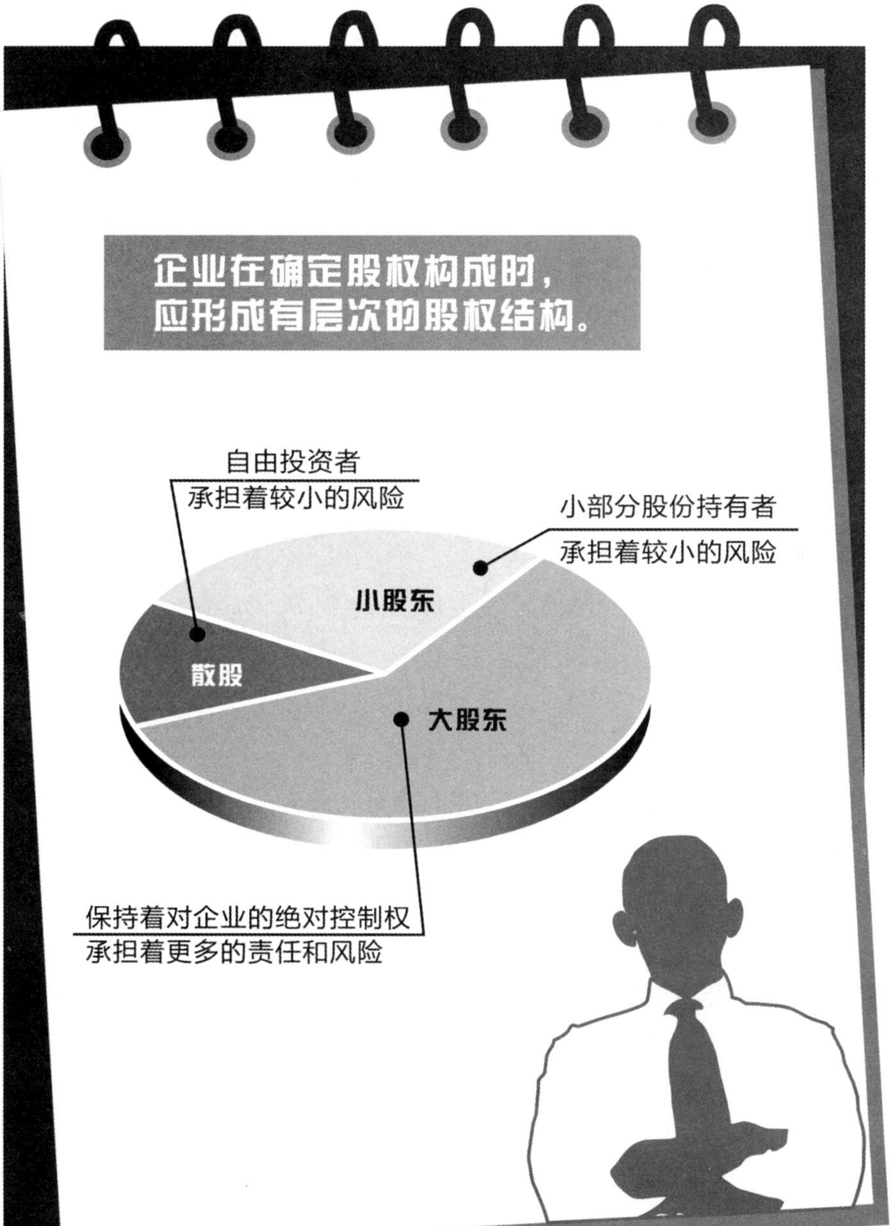
企业在确定股权构成时，
应形成有层次的股权结构。
自由投资者
承担着较小的风险
小部分股份持有者
承担着较小的风险
小股东
散股
大股东
保持着对企业的绝对控制权
承担着更多的责任和风险

NO2. 股权激励的重大意义

股权激励属于期权激励的范畴，是企业给予员工一定的股权，使他们获得一定经济利益的同时并能参与到企业决策等一系列事务中的权力。股权激励对于企业和员工都有重要的意义。它能给员工带来长期的激励效应，提高员工对企业的归属感，有利于企业的长期发展。

一、对于员工的意义

1. 股权激励不仅能带给员工一定的经济效益，还能提高员工的地位，使员工得到实实在在的利益。

2. 股权激励是员工主人翁地位的体现，在股权激励政策的影响下，员工的工作热情会得到很大的提高。

3. 股权激励能给员工带来更大的发展余地，使员工为企业的发展贡献自己的聪明才智，从而实现自身的价值。

二、对于企业的意义

1. 股权激励通过给予员工一定的股权使员工成为企业的股东，将员工的利益与企业的利益紧密联系在一起，使整个企业形成一个紧密的利益共同体，有利于企业的长远发展。

2. 股权激励有利于缓解企业面临的薪酬压力，减少现金支出，把股权作为奖金给予员工，能使企业降低用人成本。

3. 实行股权激励能为企业留住人才。通过股权激励能使优秀人才拥有部分企业控制权，让他们能真正参与到企业的运营管理事务中来，从而为企业留住人才。

对员工的意义

- 使员工得到实实在在的利益
- 提高员工的工作热情
- 激励员工实现自身价值

对企业的意义

- 形成一个紧密的利益共同体
- 利于缓解企业的薪酬压力
- 能为企业留住人才

NO3. 股权激励的价值及作用

企业在运行中，应充分发挥股权激励的优势，以实现其价值。股权激励能起到监督约束管理者的作用，同时能促进企业业绩的提高。

一、约束管理者的行为

股权激励使员工持股变成企业的小股东，参与到企业的管理决策中来。它能使企业的决策更科学民主化，从而避免了管理者片面盲目的决策。当员工变成小股东后，也能对作为大股东的管理者起到监督约束的作用。

二、促进企业业绩的提高

股权激励使企业利润直接与员工的利益相关联，使员工能够与企业共同承担风险，共享收益，因此能提高员工的主动性与创造性。股权激励使企业的管理更加透明化，为提供员工良好的工作氛围，从而提高他们的工作效率，促进企业业绩的提高。

股权激励的价值及作用
约束领导者的行为
使决策更科学民主化
避免片面盲目的决策
对领导者起到监督约束的作用
促进企业业绩提高
与企业共担风险，共享收益
提高员工的主动性与创造性
使企业的管理更加透明化
股权激励

NO4. 股权激励的常见误区与问题

一、将员工持股和股票期权混淆

员工持股计划是一种偏重福利性的持股计划，其受益人包括企业内部的普通员工，而股票期权的受益人并非全体员工，它只针对企业的管理层。员工持股是对员工工作业绩的肯定，而股票期权的着重点则在激励管理层和骨干员工为企业做更大的贡献。

二、将期股混同于股票期权

期股本质是一个实股、收益权股（干股）以及期权的组合性股权激励工具，而股票期权则是给予员工一定的股票份额，是一种对员工的激励方法。它们两者具有明显的区别。

三、认为股权激励就应该是无偿或低成本的

有的企业认为股权激励应该是无偿或低成本给予才能达到激励目的，但这反而会降低股权激励制度应有的约束功能。

四、认为国有控股上市公司实施员工持股或经营者持股必然会导致国有资产流失

在国有成分占较大比重的企业中，只要进行规范科学的规划与操作，还是能实施员工持股策略的。

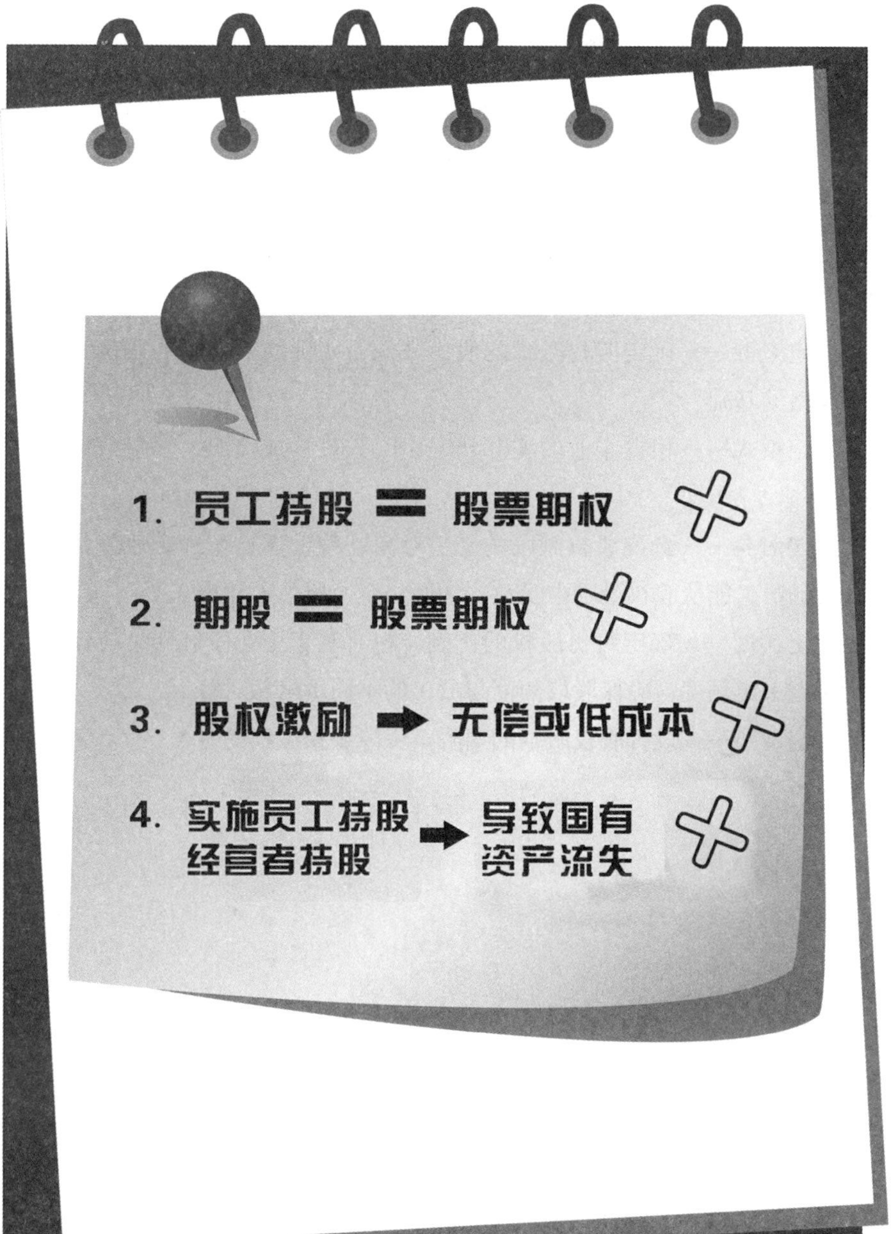
1. 员工持股 = 股票期权 ×
2. 期股 = 股票期权 ×
3. 股权激励 → 无偿或低成本 ×
4. 实施员工持股 经营者持股 → 导致国有 资产流失 ×

NO5. 股权激励的设计及步骤

领导者在设计股权激励时必须要按照定目标、定来源、定模式、定对象、定额度、定期限六大步骤进行，这样才能保证股权激励策略充分发挥其应有的作用。

一、定目标——管理者在制定股权激励策略前，应先确定想通过股权激励达到什么样的目的。

二、定来源——确定股权激励的股份来源，明确的可利用的股份是实施股权激励策略的基础。

三、定模式——根据企业的实际状况以及人员构成情况，选择最恰当的激励模式。

四、定对象——选准股权激励的受益对象，使优秀员工、企业骨干及具有发展潜力的员工能从股权激励中受益，从而为企业留住人才。

五、定额度——确定每份股权的比例，在有利于企业发展和维持稳定人事关系的基础上定额度，确保股权额度与员工的不同贡献相对等。

六、定期限——设置股权激励的期限，保障股权激励的有效性。

定目标
定来源
定模式
定对象
定额度
定期限
股权激励

重点微提醒

股权构成是指在股份公司的总股本中，不同性质的股份所占的比例及其相互关系。

股权激励能给员工带来长期的激励效应。

股权激励能起到监督约束管理者的作用，同时促进企业业绩的提高。

领导者在设计股权激励方案时必须按照步骤有序地进行。

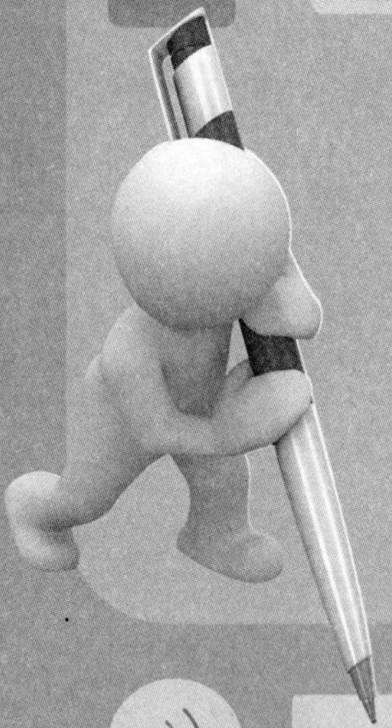